Cómo crear tu negocio de Chocolatería
La guía paso a paso

Daniel Rojas Rivero

Cómo crear tu negocio de Chocolatería
La guía paso a paso

Título: Cómo crear tu negocio de chocolatería. La guía paso a paso.
Textos y Diseño: Daniel Rojas Rivero
Fotografía: Juliana Martínez Tarisznyás
Editor: Daniel Rojas Rivero

Copyright © 2020 Daniel Rojas Rivero

ISBN-13: 9798578061042

Reservados Todos Los Derechos.
Prohibida la reproducción de la totalidad o de parte alguna de este libro, en cualquier forma o por cualquier medio, sea este electrónico, mecánico, óptico, por fotocopia, por grabación u otros métodos, sin el permiso previo y por escrito del editor.

Las marcas comerciales mencionadas pertenecen a los legítimos poseedores de sus derechos morales y comerciales.

La responsabilidad del autor y los editores de este libro se limita única y exclusivamente a la presentación de ideas y conceptos razonables acerca de la creación y diseño de un negocio de chocolatería, en ningún caso pretende ni trata acerca de técnicas de elaboración de productos de chocolatería, confitería o pastelería, ni sus fórmulas o recetas, por tanto, queda expresamente excluida cualquier responsabilidad directa, indirecta, solidaria o subsidiaria acerca de decisiones, inversiones, acciones u omisiones de terceros, sus consecuencias y resultados, directos o indirectos, aun cuando hayan actuado de buena fe.

Primera edición 2020

Dedicatoria

A Astrid Tarisznyás,
a su memoria y su jajamundo.

Tabla de Contenido

Introducción 11
0. Tu punto de partida 15
1. Tus clientes 27
2. Tus productos: Bienes y Servicios 49
3. Identidad y cultura de tu negocio 81
4. Canales de promoción y venta 97
5. Relación con los clientes 119
6. Ingresos 129
7. Activos, medios y recursos clave 141
8. Actividades clave 151
9. La red de tu negocio 165
10. Costos, precios y márgenes 175
M. El negocio diseñado en marcha y más allá 215
Acerca del autor 221

Agradecimientos

A
Iris Mercedes Rojas Rivero
vuele la gratitud hasta la eternidad
por su apoyo constante,
por su dedicación y rigor en la revisión,
por sus diáfanas ideas,
y por estar allí,
incondicionalmente,
todas las veces,
siempre.

A
Iris Vásquez, Juliana Martínez,
Juliana Tarisznyás, Leslie Urdaneta,
Mariana Klaeger, y Vinny Vásquez
por sus oportunos y valiosos aportes y reflexiones.

A las emprendedoras y emprendedores
cuya confianza durante años nos ha permitido
aprender y crecer con cada uno.

Introducción

El mundo que hoy conocemos tiene características únicas en la historia de la humanidad. El avance de las tecnologías ha cambiado nuestra realidad y crea oportunidades antes reservadas a grandes inversiones. Ahora, una gran idea con pocos recursos y una estrategia superior puede obtener grandes beneficios al aprovechar una oportunidad en el mercado.

Nuestra vida cotidiana se ha ido poblando, a ritmo sostenido, de bienes y servicios disponibles gracias a la voluntad, deseos y perseverancia de millares y millares de emprendedoras y emprendedores, genios algunos, gente normal la mayoría de ellos, de los cuales buena parte son trabajadoras, madres y amas de casa. Cada día, desde muy temprano y, frecuentemente, hasta muy tarde en la noche, emprenden con espíritu genuino, piensan, prueban, avanzan, se equivocan, caen y se levantan, aprenden, insisten, fracasan y persisten en su afán de ofrecer esa solución novedosa en forma de producto.

En medio de esta dinámica social y económica muchas industrias han aumentado su presencia e importancia. Entre ellas, se encuentra la pujante industria del chocolate, pues es conocido el irresistible atractivo de este derivado del cacao para el deleite, además de sus cualidades antioxidantes y otros beneficios para la salud, que lo ubican en el favoritismo de amplias mayorías.

En particular, en este libro nos adentraremos en el apasionante universo chocolatoso y sus múltiples productos, humildes u ostentosos, dietéticos o suculentos, sencillos o complejos, que se presentan como oportunidades para quienes asuman el reto de crear un negocio a partir de este noble ingrediente.

Ahora bien, reconozcamos que las emprendedoras y los emprendedores son personas muy especiales. Entre otras muchas virtudes con que cuentan, en los siguientes párrafos comentaremos algunas de ellas.

En primer lugar, quienes emprenden tienen la virtud de ver una oportunidad de negocios en un problema o una necesidad de personas o empresas. Éstas pueden ser una ocasión para obsequiar bombones, un pastel de celebración o, por otro lado, simplemente esa repentina necesidad de darse un gusto con chocolate a media tarde en la oficina o en el hogar.

En segundo lugar, las emprendedoras y los emprendedores tienen el espíritu intrépido y la suficiente motivación interior para idear, imaginar y crear algo nuevo que aporte la solución a aquel problema o necesidad, tal como serían un producto, o varios, de chocolatería y servicios asociados.

Por tanto, el producto es el resultado de asumir un reto, de conjugar conocimiento, experiencia, aprendizaje, creatividad, esfuerzo y empeño; de sacrificarse en búsqueda de su meta; de abandonar su zona de confort para depender de sí mismos y de sus logros en los negocios. Por cierto, no todas las personas están dispuestas a esto.

En ese orden de ideas, hay quienes prefieren la rutina, el horario fijo, el salario seguro, los fines de semana de descanso, las vacaciones anuales y no quieren asumir riesgos ni deudas. No pasa nada. No hay nada malo en ello. Simplemente, estas personas tienen un espíritu más reposado que el intrépido del emprendedor. Un buen ejercicio personal es plantearse seriamente en cuál de los dos papeles nos sentiríamos más cómodos.

Finalmente, estas capacidades de quien emprende tienen que ver principalmente con la pasión por el logro de sus objetivos, y no necesariamente con su formación académica, su capacidad intelectual o los recursos disponibles.

El sentido de la existencia de los emprendedores y emprendedoras se entiende como un servicio a las personas. De allí su importancia, responsabilidad y utilidad en la sociedad, pues, no tiene mucho sentido alguien que solo quiera ganar dinero con su iniciativa sin que efectúe verdaderos y valiosos aportes a la comunidad. Hay un sentido ético implícito en la condición de quien emprende un negocio y la sociedad lo premiará con el éxito de su iniciativa.

Este libro está dirigido a quienes desean con pasión chocolatera tener un negocio alrededor de este derivado del "alimento de los dioses". Sea que tengas una idea definida o que ni siquiera tengas alguna noción del negocio que deseas.

Hemos procurado dar respuesta a las dudas y a las preguntas fundamentales que se haría una emprendedora o un emprendedor en chocolatería.

¿Qué debo hacer?
¿Por dónde empezar?
¿Cómo? ¿Cuánto? ¿Dónde? ¿Por qué?

Una respuesta anticipada. Si tienes un empleo no abandones tu trabajo actual. No renuncies pues puedes perfectamente diseñar tu negocio de chocolatería en paralelo. Será un esfuerzo, pero lo vale.

Por otro lado, si no tienes un trabajo, ese será el primer aliciente para desarrollar tu negocio con ambición de éxito y fundamentos sólidos.

Así, nos propusimos explorar las posibilidades de emprendimientos en chocolatería. Desde las ideas más simples y económicas hasta las más ambiciosas y complejas. Todo a partir de la consideración de tus habilidades, pocas o muchas, y de los recursos de los que dispongas.

De esta manera, podrás trabajar tu idea de negocios, o concebirla también, para examinarla en profundidad, verificar su viabilidad y construir tu modelo de negocios alrededor de la idea inicial, de una variante o de su evolución.

Al concebir este libro nos propusimos apoyar tu éxito. Para ello, te ofrecemos un camino flexible y amplio que te permitirá diseñar ese negocio de chocolatería que tienes en mente.

Asimismo, consideramos que un negocio se constituye orgánicamente a partir de diez elementos principales y las relaciones entre ellos. De manera que, con estos componentes, planteamos un camino que te orientará desde la incertidumbre inicial hasta la claridad de un diseño de negocios único, pensado y probado, entre varios millones de posibilidades.

A partir del capítulo denominado "0. Tu punto de partida", en sucesión trataremos estos diez factores, a saber: Clientes, Productos, Identidad y cultura, Canales de promoción y ventas, Ingresos, Recursos clave, Actividades clave, Red del negocio, así como también, Costos, precios y márgenes.

A lo largo de estos diez capítulos describiremos cada elemento, analizaremos su importancia, así como también las posibilidades que tienes para ponerlo en práctica en tu negocio. Al final de cada capítulo encontrarás un ejercicio para que reflexiones y escojas las opciones acordes con el diseño de negocio que estás desarrollando. Mejor aún, en nuestra web www.danielrojasrivero.com podrás descargar para que imprimas el material de cada ejercicio. Así que podrás corregir, borrar, regresar y continuar. A tu ritmo.

De esta manera, al final de los diez ejercicios planteados tendrás un diseño integrado, completo y coherente de tu negocio. Una base sólida para operar y crecer hasta el tamaño de tus aspiraciones. Te sugerimos, con todo respeto, que hagas una primera lectura como libro y luego, lo emplees como un manual para diseñar tu negocio y, ojalá, como libro de consulta.

Finalmente, presentamos un último capítulo, "El negocio diseñado en marcha y más allá", con algunas reflexiones acerca del futuro de tu negocio diseñado y en operación. Sea que desees mantenerlo en sus dimensiones iniciales, y sus posibles consecuencias, o, por otro lado, que decidas llevarlo a una escala mayor. Para este último caso, examinaremos las posibilidades y la conveniencia de formular el plan de negocios de tu empresa de chocolatería. Así, también consideramos los desafíos que representa su gerencia diaria de tu negocio.

¡Te damos la bienvenida al negocio de la chocolatería!

0. Tu punto de partida

*"Nada es tan poderoso como la idea
a la que ha llegado su tiempo."*
Víctor Hugo

Justamente, y valga el juego de palabras, vivimos en el tiempo de las ideas. Hoy, una idea es el punto de partida para millares de personas emprendedoras alrededor del mundo. En particular, en el universo del cacao y chocolate se presenta un auge mundial con participación, como no, de grandes empresas, pero también con espacios para quienes proponen novedades para sus clientes.

De manera que, si tienes deseos de emprender en chocolatería, sea que tengas una idea adelantada o apenas una noción de lo que deseas hacer, este libro ha sido escrito contigo en mente.

Este capítulo inicial lo hemos llamado: "0. Tu punto de partida" ¿La razón? Porque en este punto estamos en cero, pues una idea en sí misma no tiene valor. Nadie pagaría una sola moneda de chocolate por una idea. Simplemente porque las ideas son baratas y abundantes. De manera que, si tienes una idea que parezca buena y no actúas para convertirla en un negocio, quizás otra persona sí lo haga. No importará si esa idea se te ocurrió antes a ti. Apenas te quedará esa íntima convicción y ojalá que ninguna amargura. El negocio será de quien desarrolle el potencial de la idea para generar valor y ventas. Ese es, en definitiva, el trabajo del emprendedor. Así que solo tú decides si asumes el reto.

Iniciamos la marcha hacia tu negocio en chocolatería. No es un camino fácil, hay riesgos, amenazas y mucho trabajo. Además, el diseño de tu negocio de chocolatería puede ser realizado de muchas maneras. Aunque tengas todas las ganas y las energías será mucho mejor si haces un uso racional de ellas y de los recursos a tu disposición. Por ello, nos gustaría sugerirte que lo hagas de manera gradual y metódica. De este modo, podrás concentrarte en lo esencial, cliente y producto, y más tarde agregar el resto de componentes. Esto porque creemos que así tendrás más oportunidad de éxito y evitarás un trabajo desordenado que desperdiciará tiempo y recursos. Aparte de ser un antecedente negativo para el momento que operes tu negocio regularmente.

La búsqueda de tu negocio

El origen de la palabra negocio se remonta al Imperio Romano, "Nec otium" y simplemente significaba la negación del ocio, es decir el quehacer que mantenía ocupado a alguien, o sea, a lo que dedica su tiempo diariamente. Entonces en sentido estricto, te quieres ocupar, dedicar tu tiempo a la chocolatería.

En general, la palabra negocio es muy ilustrativa acerca del concepto. Mas, por otro lado, dice muy poco acerca de esa ocupación y las particularidades que la definen. Exploremos ahora para identificar lo que incluye el negocio.

En primer lugar, el negocio se trata de la creación de productos y servicios valiosos para los clientes específicos que deseamos atender. Es decir, productos y servicios que sean reconocidos, apreciados y preferidos por ellos. Esto es posible si ofrecemos lo que nuestros clientes desean. Ese es el secreto.

En segundo lugar, el negocio es más que una marca. En definitiva, es un intangible que los clientes viven, experimentan y conservan en sus recuerdos, a través de las sensaciones y emociones que les inspiran el nombre, el lema, la ética y los valores empresariales, las comunicaciones y publicaciones, la atención dispensada, estilo y modales, los colores, los aromas, la temperatura, la distribución de espacios, la estética y el ambiente.

En tercer lugar, el negocio también trata de la creación de vías a través de las cuales los clientes podrán interactuar con el negocio y sus productos. Sea para dar a conocer sus características, su disponibilidad y para brindar atención antes y después de las ventas. Por supuesto que, y también muy importante, el negocio incluye canales para la comercialización de productos y su compra en la cantidad, el momento y lugar que los clientes lo requieran. Asimismo, no se conciben negocios en la actualidad sin que tengan una cercana relación con clientes reales, potenciales o simpatizantes a través de redes sociales.

En cuarto lugar, el negocio igualmente es el espacio de producción donde el trabajo humano, creador y gratificante, emplea equipos y métodos para transformar la energía, materiales e información en productos y servicios de acuerdo a los estándares que hayas establecido.

Por último, aunque no menos importante, el negocio es un espacio para la generación de lucro. Esto es que, al final del día, contemos efectivamente con más ingresos que egresos en proporción más satisfactoria que las otras posibles opciones de inversión o de negocios que analices.

En definitiva, un negocio exitoso es un espacio físico, virtual, intelectual, emocional, técnico y económico creado, establecido y mantenido para producir consistentemente la satisfacción de las necesidades y expectativas de sus clientes, empleados, propietarios y la comunidad. Por supuesto, que todo dentro de la visión, alcance, posibilidades y disponibilidades de cada uno.

En este punto, luego de haber mencionado a clientes, empleados, propietarios y la comunidad, hagamos unas breves precisiones de mucho interés para la vida del negocio. Si bien la satisfacción de los clientes es la meta obvia y crucial para su supervivencia, nuestro negocio también debe satisfacer las necesidades no solo económicas sino de auto realización y crecimiento personal de sus colaboradores y empleados.

En ese sentido, las personas valoran como recompensa, tanto o más que el dinero, el aprendizaje, el ambiente estimulante, ser valorados como personas y la satisfacción por el trabajo bien hecho. Además, por una razón elemental: no se pueden tener clientes encantados sin contar con empleados encantados.

Por su parte, tenemos las necesidades de los propietarios. Ellos van a requerir que la empresa cumpla su cometido social, pero que además produzca las utilidades y dividendos que correspondan a su inversión. De otra manera, pues tomarían su dinero y lo llevarían a otro negocio.

Finalmente, tenemos la comunidad, grande o pequeña, barrio, municipalidad o departamento. Nuestro negocio no va a estar aislado. Además de las relaciones comerciales debe aportar al bienestar y a la sana convivencia con sus vecinos. Hay preocupaciones comunes como el ambiente y los servicios públicos, pero también hay situaciones particulares como la atención a niños con dificultades físicas o económicas, el apoyo a actividades deportivas, o la atención a los abuelos del sector. En ellas el negocio puede demostrar su responsabilidad social al aportar individualmente o junto con otras empresas. Esto es diferente a pagar los impuestos que, claro está, es un deber ineludible.

De manera que, el diseño consciente y metódico de tu negocio es el camino apropiado para lograr el equilibrio entre todos sus aspectos en una operación rentable. Esto puede significar que para sumar recursos a uno de ellos se puede reorganizar otro u otros. Por ejemplo, alquilar en lugar de comprar equipo libera recursos para el capital de trabajo, contratar la producción masiva a un tercero si fuera el caso, entre otras opciones creativas de modelar tu iniciativa.

A los efectos prácticos de este libro vamos a manejar como equivalentes los términos negocio y empresa, esto, aunque la empresa tenga aspectos formales, legales, organizacionales y hasta productivos que quizás no estén presentes en tu negocio inicialmente. Aunque, usaremos de preferencia la palabra negocio.

El diseño de tu negocio

En este libro vamos a orientarte y acompañarte a través del proceso de diseño de tu negocio. Puesto que transformar tu idea en realidad es un proceso de creación, es decir, vas a inventar algo nuevo, una combinación única, realizable y sustentable de conocimiento, recursos, diversas funciones y formas de ejecutarlas, a saber: producción, promoción, compra, venta y alianzas para que tus productos de chocolatería lleguen a los clientes del segmento seleccionado y que éstos los prefieran antes que los de la competencia.

El negocio que hayamos diseñado debe reunir armónicamente todos esos elementos. Esto significa que debemos desarrollar una búsqueda metódica para sintonizar el producto con los clientes y, a partir de ello, agregaremos los demás factores que conformarán el negocio.

En el sentido del diseño de tu negocio, esta frase puede ser ilustrativa:

"Lo correcto es correcto, aunque todos lo condenen,
lo incorrecto es incorrecto, aunque todos lo aprueben"

Agustín de Hipona

De manera que, en nuestra búsqueda, debemos tomar como referencias estas nociones de:

El negocio correcto es aquel que ofrece a sus clientes, una y otra vez de manera confiable, los productos, servicios y la experiencia correctos en la forma, cantidad, precio, momento y lugar tal como fueron ofrecidos.

El cliente correcto es aquel que requiere y valora los productos y servicios que podemos entregarle y está dispuesto a pagar su precio.

El producto correcto es aquel que ofrece exactamente las características que requiere el cliente, en la cantidad, momento y lugar correctos.

De manera que tu negocio de chocolatería no es cosa de improvisar y tomar a la ligera. No se trata de ofrecer a cualquier cliente un producto cualquiera y, además, de cualquier manera. Es necesario poner la debida atención y planificación a los detalles de tu iniciativa. Esto es válido para pequeños y grandes negocios, pues el éxito será para quien ofrezca el valor correcto a los clientes correctos. En este libro te ayudaremos a lograrlo. ¡Manos a la obra!

El diseño del negocio redondo

Hemos adelantado que la creación de un negocio de chocolatería no es un proceso sencillo. Hay mucho por hacer y aunque haya pasos generales que son comunes, lo cierto es que cada experiencia es única, como tú y como lo será tu negocio.

Nos hemos propuesto apoyarte en el diseño de tu negocio para que resulte un recorrido estimulante en cada paso, así como gratificante en resultados, aunque exigente en energía y dedicación, porque esa es su naturaleza. Sabemos que habrá incertidumbre e indecisión antes de ponerte en marcha, más una vez en la labor de diseñar tu propio negocio deberás considerar al menos diez aspectos, cada uno con múltiples opciones y éstos a su vez con muchas posibilidades, que en conjunto conforman millones de posibles negocios distintos. Pues sí, millones. En este libro te proponemos una manera sistemática de hacer esto en muy pocos pasos, mediante la selección de opciones y su integración al todo de tu iniciativa de manera que satisfaga tus expectativas reales de un negocio que se sustente y pueda permanecer en el tiempo.

En ese sentido, a partir de experiencias propias y cercanas, exitosas muchas y otras no tanto, del estudio de métodos y técnicas, todo recopilado a lo largo de más de treinta años te ofrecemos un método que te ayudará a definir, afinar y perfeccionar tu idea de negocio hasta encontrar el equilibrio de elementos que te permita decir con satisfacción ¡Sí, esto es!

En nuestro trabajo, hemos tomado como referencia el muy popular Modelo Canvas para generar modelos de negocio de los autores Alexander Osterwalder e Yves Pigneur. A partir de este modelo, hemos adicionado algunos aspectos, modificado otros y, en fin, desarrollado una método flexible y útil específicamente para que negocios en chocolatería.

En ese sentido, representaremos el negocio, "el negocio redondo", como un espacio circular en el que están presentes los diez elementos que modelaremos para conformar el todo. En ese espacio se producen las interacciones entre elementos en una base de todos relacionados con todos. Por ello, y por motivos de simplicidad, no hemos representado esas conexiones, aunque siempre estarán presentes. De hecho, el negocio es el resultado de esos elementos y de las interacciones entre ellos. Aunque es cierto que sugerimos una secuencia de aparición, no es menos cierto que al tratar cada uno de estos elementos podremos considerar las implicaciones y consecuencias en los demás y atenderlas.

En nuestra idea total del negocio, tenemos un elemento principal que es el cliente y, en segundo lugar, el producto, que es determinado por las necesidades del primero. Por tanto, el diseño de tu negocio de chocolatería lo centraremos en el cliente. Por ello, nuestro ciclo de diseño comienza con los clientes y finaliza en ellos. Al fin y al cabo, el negocio existe por y para los clientes. De esta manera, no perderemos de vista sus características ni los cambios en sus necesidades y gustos a lo largo del tiempo, ni cuando consideremos cada uno de los restantes nueve aspectos. Así podremos hacer los ajustes necesarios a nuestro negocio, permanentemente.

A partir de la definición y escogencia del segmento de clientes y del laborioso desarrollo del producto, que exige un proceso cíclico de pruebas y ajustes en sí mismo, agregaremos, uno a uno, los elementos específicos necesarios para que tu negocio sea una propuesta novedosa, diferenciada y rentable.

Desde luego que una vez puesto en marcha el diseño de tu negocio, como en todas las cosas nuevas, habrá que ajustar y cambiar sobre la marcha. Luego, continuamente habrá oportunidades de mejoras y adaptaciones de los elementos de tu negocio.

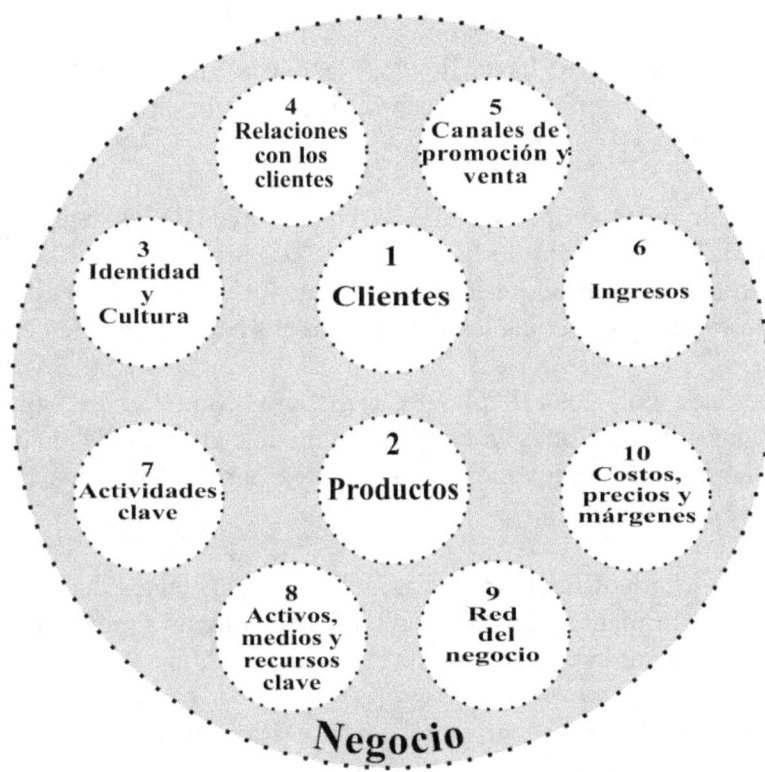

Figura 1. El modelado de tu negocio de chocolatería en diez pasos

A manera de introducción, compartiremos una breve descripción de cada componente del diseño antes de detallarlos en su capítulo correspondiente. Aquí la tienen.

1. El cliente. El conjunto de personas o empresas cuyo problema o necesidad da origen a la oportunidad que quieres aprovechar con tu negocio. Es indispensable determinar quiénes serían tus clientes, conocer sus características y necesidades desde diversos puntos de vista.

2. El producto o servicio. Tu propuesta de valor, es decir la transformación creativa de insumos, recursos y tiempo en resultados únicos y diferenciados, para brindar una experiencia satisfactoria, y en lo posible exceder, las expectativas de los clientes con respecto a su necesidad o problema. Trataremos detalladamente el proceso que te permitirá la definición de los bienes y servicios valiosos.

3. Identidad y cultura. El conjunto de características que determinan la personalidad, estilo y modos de actuar que harán reconocible a tu negocio. En

este capítulo estudiaremos las herramientas y técnicas que te permitirán alinear tu negocio con la sociedad hasta llegar a la diaria interacción con el público, pasando por la definición del nombre, imagen, modos, lenguaje y otros elementos que le caracterizarán.

4. Canales de promoción y venta. Las vías a través de las cuales los clientes se enterarán de la existencia de tu negocio y sus productos, así como también los lugares donde podrán adquirirlos. Te planteamos las diversas posibilidades disponibles a fin de que escojas las más adecuadas para tu idea de negocio.

5. Relaciones con los clientes. La manera como serán organizadas y gestionadas las vinculaciones y contactos con los clientes de tu negocio. Te mostramos las principales estrategias y medios para cultivar los lazos con tu comunidad de clientes.

6. Ingresos. La identificación y valoración de las fuentes de los ingresos de tu negocio. De esta manera podrás evaluar y seleccionar aquellas posibilidades más pertinentes con tu idea de negocio.

7. Activos, medios y recursos clave. La identificación de los recursos necesarios y suficientes que posibilitarán la operación de tu negocio. Trataremos la selección de los ambientes, equipos, utensilios y mobiliario indispensables.

8. Actividades clave. Los procesos y subprocesos esenciales para que tu negocio genere sus productos y servicios. Te apoyaremos en la definición de la estructura operativa de tu negocio que permita, sin excesos ni carencias, agregar el valor que los clientes experimentarán.

9. Red del negocio. Estudiaremos las posibilidades a tu alcance para crear relaciones comerciales y alianzas. Esta red permitirá que tu negocio use recursos y servicios de terceros y así, tenga una operación de mayor tamaño que la que tendría solo con sus recursos propios.

10. Costos, precios y márgenes. La identificación y valoración del uso y consumo de todos los elementos necesarios para la operación de tu negocio. Asimismo, consideraremos la determinación del precio. Finalmente, mostraremos un examen básico del potencial generador de utilidades de tu negocio, al mostrar los diferentes tipos de márgenes a que pueden dar lugar las ventas.

Ahora bien, guiaremos el diseño de tu negocio considerando cada uno de esos diez elementos. Vamos a adentrarnos en un proceso en el que intervienen factores dinámicos y estaremos atentos a los cambios y a las tendencias, pues los clientes pueden cambiar sus preferencias, por su parte, el mercado puede recibir nuevos competidores, o también los precios de las materias primas pueden variar.

En ese sentido, deberemos estar dispuestos a hacer los ajustes necesarios con agilidad, sea con el lanzamiento de nuevos productos, el perfeccionamiento de los actuales o la mejora de procesos del negocio y así, mantenernos en el mercado. Esta es la razón de ser del ciclo de diseño del negocio.

Una vez presentado el panorama general del trabajo por desarrollar, nos dispondremos a iniciar el recorrido de este camino.

Pero, antes, algunas ideas que serán de mucha utilidad.

Indispensables en la mochila para el camino

A. Tus deseos, sueños, pretensiones, anhelos de tener un negocio propio de chocolatería pueden ser muy grandes. Celebramos que así sea, tus razones pueden ser muchas, pero si actualmente tienes un empleo, mejor lo conservas. Repetimos, si lo tienes, conserva tu empleo. Crear un nuevo negocio es un camino duro. Tu empleo puede ser el gran apoyo en muchos momentos.

Por otra parte, si no tienes un empleo, dedícate con paciencia, compromiso y tesón a trazar el camino hasta tener tu negocio. En los capítulos siguientes encontrarás diversas opciones que pudieran ayudarte a vender y generar ingresos desde las fases más tempranas.

B. El camino del diseño de tu negocio es rico en experiencias y emociones, incluso las personas con mejor memoria, apenas varios días después, serán incapaces de retener todos los detalles. La noticia es que estos son importantes y constituirán un valioso activo para desarrollar tu negocio. De modo que:

No lo olvides.
La memoria es frágil.

Por tanto, documenta, o sea escribe, dibuja, graba y fotografía los hechos y eventos de interés para tu negocio. Será un estupendo hábito para conservar y cultivar siempre. Te ayudará a evaluar situaciones y tomar decisiones con evidencias y no con suposiciones.

C. El cuaderno del emprendimiento. El diseño de tu negocio genera abundante información resultado de investigaciones, consultas, cursos, pruebas o diálogos. Esa información fácilmente puede perderse o extraviarse en un caos inmanejable.

De manera que conservar los pormenores más importantes de este proceso y recuperarlos justo cuando lo requieras evitará el desperdicio de esfuerzo y de tiempo. Recuerda: si tienes información desordenada, no tienes información.

Por tanto, para mantener la memoria del diseño de tu negocio sugerimos el "Cuaderno del emprendimiento". Una libreta, no tan pequeña, pero tampoco muy grande, eso sí, cómoda de portar pues te acompañará en muchas ocasiones.

El cuaderno será más útil en la medida en que organices la información y puedas obtenerla fácilmente. Puedes hacerlo de muchas maneras, aunque lo importante es que funcione. Te presentamos una como ejemplo:

1. Numera todas las páginas del cuaderno.

2. Deja unas tres hojas al principio que te sirvan para ir creando el índice de contenidos. Es decir, empieza a registrar información en la cuarta hoja.

3. Cada vez que registres una información de interés, sea una prueba o ensayo de producto, las ideas principales de una conversación con un experto, la dirección de un posible proveedor, o cualquier otra información, inicia una página, luego colocas un título y la fecha.

4. Agrega al índice, es decir, a una de las tres hojas iniciales, ese título y la página donde se encuentra la información.

Sin mucho esfuerzo contarás con un poderoso instrumento de información acerca de tu negocio.

Por otra parte, quizás haya quien prefiera una tablet, teléfono inteligente, un computador u ordenador para mantener esta información. Lo que te haga sentir mayor comodidad estará bien. Sin embargo, en caso de que uses estos recursos digitales es importante prever un mínimo de organización de documentos y resguardar respaldos de esa información, pues puede ocurrir que los archivos se borren, que los equipos fallen o se extravíen, entre otras cosas que significan la pérdida de esa valiosa memoria.

Al menos dos esquemas podrían funcionar para organizar esta información digitalmente. Estos son:

I. Único documento.
Crear un documento en procesador de texto.

Aplicar la estructura y los criterios que sugerimos en el caso de una libreta de papel.

II. Múltiples documentos y un índice.
Crear un único documento de procesador de texto que servirá de índice.

Crear un documento de procesador de texto por cada evento o información que vayas a registrar. Colocar un número consecutivo y nombre significativo de su contenido a cada documento, por ejemplo: "1 Ganache".

Agregar los datos del nombre de cada documento en el documento índice. En este caso podrás ordenar alfabéticamente luego de cada cambio.

D. Perspectivas para el diseño de productos y servicios. Hay dos enfoques básicos para iniciar un negocio y desarrollar la propuesta de valor que ofrecerá al mercado. En cualquiera de ellos, los clientes juegan un papel preponderante y definitivo. Al fin y al cabo, será ese colectivo de personas quienes decidirán si nuestra iniciativa es exitosa o no.

En el primer enfoque, el que llamaremos "Enfoque de empuje", diseñaremos el negocio que deseamos como nos parece mejor y luego, mediante publicidad y mercadeo, buscaremos clientes que nos compren los productos y servicios. Es decir, "empujaremos" los productos y servicios hacia los clientes, quienes quizás los compren o no.

En el segundo enfoque, que llamaremos "Enfoque de atracción", iniciaremos el diseño del negocio, y de sus productos y servicios, de acuerdo a las necesidades identificadas de los clientes específicos a quienes deseamos atender, es decir, los clientes y sus necesidades "atraerán" hacia ellos los productos y servicios que necesitan, aunque a veces ellos mismos no lo sepan, y que les ofreceremos. Por tanto, es muy probable que los compren.

Obviamente, todo emprendimiento significa un riesgo. No hay un negocio libre de riesgo. Sin embargo, comparativamente el "Enfoque de Atracción" presenta un riesgo menor que el "Enfoque de empuje" así como también menores costos mercadeo y de comercialización.

En consecuencia, el enfoque escogido puede significar una gran diferencia a la hora de invertir tu tiempo y tus ahorros, los de amigos o los de la familia. Así que sugerimos emplear el "Enfoque de atracción" para el diseño de tu negocio. Es uno es los principios que guían este libro.

E. Por último, aunque no menos importante, mencionaremos el aprendizaje y el conocimiento. Son las bases de este proceso de diseño. Una actitud abierta para aprender es indispensable para avanzar. En este libro te brindaremos información y conocimiento para que diseñes tu negocio, aunque no abarcaremos todo. Habrá muchos aspectos en los que deberás investigar y profundizar. En especial, en lo que se refiere a las técnicas de chocolatería. Así que alimenta la pasión chocolatera y de negocios con más conocimiento.

Además, la experiencia es una fuente de conocimiento valioso para producir bienes y servicios, en todos los negocios. Los bienes se pueden comprar. Sin embargo, nada funcionará sin el conocimiento necesario.

Bien ahora sí, con estas sugerencias en la mochila, echemos a andar.

1. Tus clientes

"El cliente es el rey"
Dicho de la selva

En el sentido más general posible, cliente es toda aquella persona, o proceso, que recibe el resultado de nuestro trabajo para satisfacer una necesidad o expectativa razonable o, también, para resolver un problema. Puede que sea esta persona quien paga el producto, o aquella que solo lo consume, llamado consumidor, como es el caso de los niños. En cualquier caso, ellos siempre preferirán al negocio que le ofrezca la mejor opción del mercado frente a su necesidad o problema.

Aunque las necesidades y expectativas en chocolatería pudieran ser comunes a todos los clientes, sin embargo, sus preferencias están condicionadas por diferencias culturales, educativas, económicas, de edad, dietéticas, regionales y muchas más que deberemos atender para el éxito del negocio.

De manera, pues, que ahora iremos al encuentro de nuestros clientes.

El mercado

El mercado es el lugar, físico o virtual, donde se encuentran compradores y vendedores de bienes o servicios en un área geográfica determinada. Hoy, gracias a Internet, esta área puede ser el mundo.

El mercado de un producto, digamos bombones, en una ciudad determinada, es una parte de todas las compras, y ventas, por supuesto, de productos de chocolatería en general, y este, a su vez, es parte del mercado de la rama de dulces, el que se ubica dentro del sector alimentos y bebidas de la misma ciudad.

El tamaño de un mercado puede expresarse de diversas maneras, entre ellas las más importantes son el volumen de dinero involucrado y el número de productos vendidos en un período determinado. Habitualmente se considera la actividad de un mercado a lo largo de un año.

Asimismo, se considera que hay mercados masivos, o que abarcan una o varias regiones, un país o varios países, atendidos por grandes empresas, como es el caso de la crema de avellanas y cacao de la conocida marca italiana, y también hay mercados específicos, de menores dimensiones, usualmente llamados nichos, conformados por clientes con necesidades particulares no del todo atendidas por el mercado masivo. En este caso, por ejemplo, hay artesanos o empresas pequeñas que producen chocolates con presentaciones y sabores diferentes, únicos.

De la misma manera, hay mercados tradicionales como el de las barritas de chocolate de siempre, o el de las cajas de bombones y, también, hay mercados emergentes, correspondientes a la atención de grupos con dietas especiales, tales como las personas que consumen alimentos con bajo contenido calórico, aquellos que los prefieren orgánicos, los que sigan una dieta vegana o quienes sean alérgicas, entre otras.

Además, surgen otros mercados gracias a innovaciones en la organización tales como las empresas de servicio de entrega, llamados delivery o, también, las franquicias.

Tanto los nichos no atendidos como los mercados emergentes son grandes oportunidades para negocios como el que deseas emprender.

El comportamiento de un mercado es la expresión de las aspiraciones y características de las personas que lo integran. Asimismo, el mercado de un producto o servicio en particular a lo largo de los años va definiendo su comportamiento típico, lo que lo hace en cierta forma predecible.

En este sentido, la demanda puede variar a lo largo del año, tanto en sentido positivo, llamada estacionalidad, cuando ocurre un aumento recurrente y previsible de la demanda, tal es el caso de las Pascuas, Día del Amor y la Amistad o el Día de la Madre.

Aunque también puede ocurrir en sentido contrario, llamada estacionalidad inversa, cuando hay una disminución recurrente y previsible de la demanda, como ocurre con el consumo de chocolates en verano, o de los helados en la temporada de frío. En este caso es necesario prever como compensar las ventas.

Ahora bien, si acudimos al mercado a vender tendremos la expectativa de que los compradores prefieran nuestros productos, aunque es posible que los competidores hayan aplicado también el mencionado "Enfoque de atracción". La competencia beneficiará al cliente quien preferirá a quien lo haga mejor.

Las necesidades de los compradores podrán ser satisfechas de muchas maneras, así que nuestros productos de chocolate tendrán múltiples competidores. Ante la necesidad de un dulce a media tarde, a los ojos de un cliente potencial, nuestros chocolates competirán con postres, caramelos, galletas, gelatinas, golosinas y otros, elaborados con chocolate o sin él.

Por otra parte, si el cliente necesita agasajar a alguien con un obsequio nuestros chocolates competirían con todo aquello que pueda ser regalado ¡Imagina cuántas cosas pueden ser!

Así que a pensar y producir lo mejor de lo mejor para ir al mercado, pues las ventas, desde el inicio, dirán cómo vamos y podremos hacer ajustes. La clave está en ofrecer el producto correcto al cliente correcto. Desde luego, que para ello debemos conocer las características de los clientes que pretendemos satisfacer y desarrollar todos los aspectos del negocio en función de atenderlos.

El segmento de mercado

Aquí buscaremos respuestas a una o varias preguntas: ¿Quiénes serán tus clientes? ¿Quiénes comprarán tus productos? ¿Quiénes consumirán tus productos? Hay mucho por conocer y aprender acerca de ellos.

La totalidad del mercado puede ser algo muy difícil de comprender, manejar y acceder, aún para las corporaciones más grandes y con muchos recursos. Imagina que diseñas tu empresa pensando en el mercado de una ciudad, supongamos de 300.000 habitantes. Igual pueden ser 20.000 o un millón, para ti y tu iniciativa puede parecer abrumador. Sin embargo, no te asustes, usaremos un antiguo y efectivo principio: *"Divide y vencerás"*.

De acuerdo con esto, la segmentación de mercado es el proceso de dividir ese mercado total en porciones más pequeñas. En otras palabras, vamos a identificar segmentos o fracciones que sean de nuestro interés dentro de esa totalidad. Entonces, estaremos trabajando con una cifra de personas mucho menor, que es la manera más directa y práctica de identificar a tus futuros clientes.

Esto nos lleva a considerar el segmento de mercado como el conjunto de personas o empresas, suficiente y homogéneo, quienes comparten un problema o necesidad que representa una oportunidad para tu negocio.

Nos parece conveniente destacar los dos calificativos que acompañan al "conjunto de persona y empresas..." en esta definición:

Suficiente: El segmento debe contar con una cantidad de clientes potenciales para que nuestra iniciativa sea rentable al atenderlos. Recordemos que, aunque suene frío y calculador, estamos diseñando un negocio que debe sustentarse y producir beneficios económicos.

En este caso, un segmento muy pequeño de alto poder adquisitivo o de alto consumo, puede ser suficiente para dar viabilidad a nuestro negocio. Por el contrario, un segmento muy numeroso que no acostumbra a consumir productos como el nuestro, o que ya son atendidos por una gran corporación, pueden dificultar tu éxito.

Homogéneo: El segmento debe estar conformado por personas que comparten mayoritariamente unas cualidades y hábitos de consumo que permiten diseñar productos, servicios, procesos y comunicaciones específicamente para ellos. De manera tal que será muy importante escoger atributos que sean verdaderamente significativos y pertinentes.

La identificación del segmento de mercado es una tarea determinante para el futuro del negocio. Por eso debe ser asumida a conciencia. Está claro que existen técnicas de investigación de mercados y empresas dedicadas a esa actividad. Sin embargo, movidos por el interés de conocer a nuestros potenciales clientes, con ingenio y dedicación podemos obtener mucha información útil.

Veamos algunas características a través de las cuales podremos conocer mejor el segmento de mercado de nuestro interés. Unos tienen que ver con aspectos demográficos, entre ellos, edad, sexo, estado civil, formación e ingresos y otros describen aspectos relacionados con la distribución geográfica: calle, barrio, zona, ciudad, región, país o más allá.

Aún más, puede haber atributos que agrupen a los potenciales clientes por sus gustos, preferencias, frecuencia de uso y hábitos de consumo. Además, puede haber otros como ocupación, religión, origen étnico, profesión, entretenimientos o deportes.

Aunque puedas atender un segmento que incluya a empresas, consideraremos que quienes preferirán y consumirán los productos y servicios, en definitiva, serán personas.

A continuación, con la mente puesta en el diseño de un negocio de chocolatería vamos a compartir el análisis de los siguientes atributos: edad, sexo, poder adquisitivo, formación, ámbito geográfico, dietas, uso de la tecnología de comunicaciones, oportunidad de consumo y decisión de compra.

No es una regla fija que sean exactamente estos atributos. Los presentamos solamente como una referencia que puedes modificar, quitar o agregar otros aspectos que consideres sean aplicables para tu caso en particular. Lo importante es que los que selecciones funcionen para el diseño de tu negocio.

Edad

En el mercado de productos de chocolatería pueden identificarse diversas etapas en la vida de potenciales consumidores, cada una de las cuales cuenta con particularidades de gustos y en el consumo.

En el atributo Edad, vamos a agrupar a las personas en cinco conjuntos, a saber:

1. Niños: hasta los 12 años de edad.
2. Jóvenes: entre 13 y 19 años
3. Adultos jóvenes: entre los 20 y 44 años
4. Adultos entre 45 y 65 años
5. Adultos mayores con más de 66 años.

Esta clasificación se presenta a manera de ilustración del concepto, de manera que los títulos de cada grupo, así como los límites de edad pueden estar sujetos a la realidad de tu mercado o, si lo prefieres, puedes emplear alguna otra clasificación de una institución de referencia.

A continuación, presentaremos algunas de las características generales de cada uno de estos grupos.

1. Grupo de edad: Niños

   a) Consumo inmediato por impulso.
   b) Atracción por formas y colores propios de su edad.
   c) Manos pequeñas, destrezas en desarrollo y quizás requiera supervisión al comer y deglutir.
   d) Gusto por los sabores y texturas suaves y conocidos: lácteos y frutos. Chocolate blanco y chocolate de leche.
   e) Los padres valoran los elementos nutritivos, la frescura e inocuidad del producto.
   f) En proceso de formación como consumidor.

Los niños crecen rápido, así que podríamos identificar subgrupos de edad que pudiéramos atender con productos diferenciados. Por ejemplo, niños menores de 6 años y mayores de 6. Por supuesto, que podrías considerar otros subgrupos de tu interés.

2. Grupo de edad: Jóvenes

   a) Consumo primordialmente inmediato por impulso.
   b) Comunicación de sentimientos. Momentos especiales.
   c) Preferencias mixtas de sabores suaves y conocidos con sabores más intensos, así como colores de moda.
   d) Preferencia por la cantidad.
   e) Productos industriales como referentes principales.

Entre las edades consideradas en este grupo puede haber diferencias notables entre un adolescente de 13 años y un joven de 19, por tanto, si fuera de interés para tu segmento de mercado podrías dividirlo en dos o más grupos.

3. Grupo de edad: Adultos jóvenes

   a) Consumo inmediato por impulso, en eventos, o diferido para obsequios.
   b) Necesidad de degustar/agasajar/comunicar sentimientos.
   c) Prefiere sabores conocidos con creciente disposición a exploración de formas y sabores novedosos e ingredientes exóticos.
   d) Prefiere de manera similar calidad y cantidad.
   e) Diferenciación en desarrollo del producto artesanal del industrial.

4. Grupo de edad: Adultos

   a) Consumo inmediato por impulso, en eventos, diferido en obsequios.
   b) Necesidad de agasajar/comunicar sentimientos.
   c) Prefiere sabores conocidos, aunque con creciente disposición a exploración de formas y sabores novedosos e ingredientes exóticos.
   d) Tendencia a valorar la calidad sobre la cantidad.
   e) Valoración creciente de ingredientes y proceso artesanal.

5. Grupo de edad: Adultos mayores

   a) Consumo reposado o diferido para el disfrute
   b) Apego a las formas y sabores conocidos.
   c) Necesidad de degustar/agasajar/comunicar sentimientos
   d) Valora el obsequio y conserva el empaque como recuerdo.
   e) Prefiere calidad a la cantidad.
   f) Tendencia a valorar presentaciones en formato pequeño.
   g) Posiblemente con limitaciones dietéticas.

Sexo

En el atributo Sexo, hemos examinado las preferencias y tendencias de dos grupos: Masculino y Femenino.

En el mercado de productos de chocolatería, las diferencias en la apreciación de la experiencia que brinda el producto pueden ser muy significativas entre ambos sexos. Por tanto, es importante considerarlas.

Consideremos ahora las características generales que particularizan a cada uno de estos grupos.

1. Sexo: Femenino

   a) Tendencia dominante hacia el consumo consciente.
   b) Aprecian el producto como totalidad: forma, color, acabado, textura, sabor, aromas, empaque, lugar y emociones del momento.
   c) Paladar agudo para identificar matices de sabores.

d) Preferencia por los sabores, fragancias y texturas sutiles. Entre ellos: florales, frutales, caramelo, licores suaves y cremas.
e) Cuidado de la alimentación y la figura.
f) Tiende a valorar presentaciones en formato pequeño.

2. Sexo: Masculino

a) Consumo impulsivo.
b) Aprecian regularmente el producto en algunos aspectos tales como textura y sabor principal, no siempre consideran el entorno ni el momento.
c) Preferencia por sabores licorosos, frutos secos y café.
d) Atención menor a la calidad de la alimentación.

Poder adquisitivo

Las posibilidades económicas de los clientes potenciales son determinantes para el éxito de tu negocio.

En razón a que cada país tiene sus características económicas, y no podríamos medirlo en unidades monetarias, simplemente podemos optar por considerar tres grupos: alto, medio y bajo. Quizás en tu región puedas trabajar con escalas definidas por ingresos o estratos socioeconómicos tales como los identificados con las denominaciones A, AB, C, D y otros.

En este análisis por razones de simplicidad incluimos tanto el poder adquisitivo como la inclinación a la compra. Si es necesario puedes separarlos.

De seguidas, veamos las características más resaltantes de estos grupos.

1. Poder adquisitivo: Alto

a) Disponen de dinero con pocas limitaciones para gastarlo.
b) La marca es importante en la decisión de compra.
c) Pagan precios Premium por la solución completa: el producto y servicios complementarios.
d) Usan dispositivos de tecnológicos de alta gama.
e) Acceso a diversos medios de pago.

f) Acuden a cafés y restaurantes de moda, tiendas de conveniencia, *shopping center* y *mall* de tiendas exclusivas.

2. Poder adquisitivo: Medio

   a) Satisfacción de gustos con ciertas limitaciones de gastos.
   b) La marca es valorada como criterio, aunque no necesariamente es decisiva al momento de la compra.
   c) Ocasionalmente, valora el producto sin complementos de servicio.
   d) Usan dispositivos tecnológicos de gama alta o media.
   e) Frecuentemente, disponen de más de un medio de pago.
   f) Visitan regularmente tiendas de conveniencia, cafés y restaurantes, *shopping centers* y *mall*.

3. Poder adquisitivo: Bajo

   a) Las compras están sujetas a la disponibilidad de dinero y a prioridades.
   b) Se valora la capacidad del producto para cumplir la función. Puede dar pie al consumo de sucedáneos.
   c) Usan dispositivos tecnológicos de gama básica o media.
   d) Ocasionalmente, disponen de más de un medio de pago.
   e) Pueden frecuentar mercadillos populares, tiendas en vecindades, calles comerciales, *shopping centers* y *mall*.

Formación

En el perfil de formación recogemos los aspectos derivados de los estudios formales de las personas, los que hemos considerado en el sentido más amplio. La formación puede ser un elemento muy importante tanto para el acceso y seguimiento de ciertas tendencias en el consumo como para establecer la comunicación con nuestro segmento de clientes.

En este aspecto, caracterizaremos tres grupos de personas:

1. Formación superior o universitaria, aun cuando no la haya completado.
2. Media o bachillerato, aun cuando no haya culminado.
3. Básica o primaria, aún sin culminar.

Seguidamente, compartiremos algunas características generales de cada uno de estos grupos.

1. Formación: Superior

   a) Lenguaje de alto nivel.
   b) Vocabulario amplio.
   c) Conocimientos medios/avanzados de dos o más idiomas.
   d) Manejo de ideas elaboradas.
   e) Contactos con ciertas tendencias del momento.
   f) Habituado a la lectura.
   g) Contacto con medios de información.

2. Formación: Media

   a) Lenguaje sencillo.
   b) Vocabulario intermedio a veces con vocablos en inglés.
   c) Ideas de complejidad limitada.
   d) Sigue algunas modas y tendencias.
   e) Comprensión lectora intermedia.
   f) Interpretación de imágenes y textos.

3. Formación: Básica

   a) Lenguaje sencillo y directo.
   b) Vocabulario básico.
   c) Ideas simples y directas.
   d) Sigue modas y tendencias masivas.
   e) Quizás comprensión lectora en desarrollo.
   f) Interpretación de imágenes sencillas y precisas.

Ámbito geográfico

La ubicación de los clientes es un aspecto importante para el diseño de nuestro negocio. Sea que estemos pensando en quienes pasan por una calle, en el barrio, en una ciudad, en el estado o provincia, a escala nacional o más allá.

Por tanto, el ámbito geográfico donde se ubican nuestros clientes puede determinar rasgos de los productos y sus propiedades, así como también su confección, manejo y conservación.

Asimismo, puede haber influencia de los gustos, pues hay regiones con mayor inclinación a más o menos dulce o a chocolates oscuros o de leche.

En tal sentido, consideraremos tres áreas en las que podrías incursionar.

1. Local. El área próxima a tu sede. Calle, barrio, ciudad, provincia.
2. Nacional. Otras ciudades o provincias dentro de tu país.
3. Exterior. Otros países.

De seguidas, consideraremos algunas de las características generales que presenta la incursión en cada uno de estos mercados.

1. Ámbito geográfico: Local

   a) Los productos y sus características dependerán del consumidor específico y de los canales de venta empleados.
   b) Dependiendo de tu iniciativa de negocios, probablemente se puedan identificar micro segmentos geográficos con características diferenciadas, sea una calle, el barrio o una zona de la ciudad.

2. Ámbito geográfico: Nacional

   a) Puede haber diferencias en los gustos.
   b) La duración del producto dependerá de las características del comprador específico y de los canales de venta empleados.
   c) Productos pueden obedecer a criterios del mercado hacia el que van dirigidos, por ejemplo, el dulzor. También puede haber preferencia por ciertos sabores.
   d) Empaque atractivo.
   e) Embalaje que brinde protección para el manejo y transporte.
   f) Requiere de aliados de servicio de transporte y, posiblemente, distribuidores.

3. Ámbito geográfico: Exterior

   a) Puede haber diferencias culturales o en los gustos.
   b) Productos duraderos con mayor tolerancia a variaciones de temperatura.
   c) Productos pueden obedecer a criterios del mercado hacia el que van dirigidos. Preferencia por más o menos dulce, o determinados chocolates o sabores.
   d) Empaque atractivo con información acorde a la legislación del mercado destino.
   e) Embalaje que brinde protección para el manejo y transporte.
   f) Pueden estar sujetos a regulaciones sanitarias y de impuestos de exportación e importación.
   g) Requiere de aliados de distribuidores, servicio de transporte y agentes aduanales, entre otros.

Uso de tecnología de comunicaciones

La tecnología de comunicaciones alcanza cada día nuevos sectores y posibilita el intercambio instantáneo. Es por ello que su uso por parte de los potenciales clientes permitirá comunicarles la existencia del negocio y tus productos, como también para realizar ventas y hasta para crear y mantener una comunidad de clientes potenciales y reales.

Así, vamos a considerar tres (3) niveles de uso de la tecnología:

1. Alto. Uso intensivo de dispositivos para todas sus actividades.
2. Medio. Uso frecuente de dispositivos en actividades cotidianas
3. Bajo o básico. Uso esporádico de dispositivos en algunas actividades.

Ahora, veamos las características generales de cada uno de esos niveles.

1. Uso de tecnología de comunicaciones: Alto

   a) Perfil en redes sociales e internet. Identificar en cuáles de ellas.
   b) Interacción permanente. Siguen muchos perfiles de variada naturaleza.
   c) Usuario frecuente de servicios *streaming* de TV que ofrecen series y películas por internet.

d) Canales *Premium* de televisión por suscripción.
   e) Acceso a prensa digital por suscripción.

2. Uso de tecnología de comunicaciones: Medio

   a) Presencia selectiva en algunas redes sociales. Identificar en cuáles de ellas.
   b) Interacción limitada. Siguen pocos perfiles seleccionados con criterio personal o profesional.
   c) Usuario eventual de servicios *streaming* de TV que ofrecen series y películas por internet.
   d) Televisión por cable o satelital.
   e) Acceso eventual a prensa digital de libre acceso.

3. Uso de tecnología de comunicaciones: Bajo

   a) Mayoritariamente uso básico de telefonía.
   b) Presencia limitada a algunas redes sociales. Identificar en cuáles de ellas.
   c) Acceso a internet, televisión por cable o satelital.

Dietas

El gusto por el chocolate es casi unánime. Sin embargo, debido a que algunas personas tienen restricciones para su consumo es importante identificar las particularidades de sus dietas, puesto que podrían representar nichos de mercado hasta ahora no atendidos debidamente.

De manera que vamos a considerar a potenciales consumidores según sus necesidades o gustos dietéticos. En este caso, consideraremos dos grupos de dietas:

1. Dieta general, en ella incluiremos a quienes pueden consumir todo tipo de productos de chocolatería.

2. Dietas especiales, en este grupo consideraremos a todas las personas que por razones de salud o éticas no pueden consumir algún ingrediente o sustancia.

En algunos casos, es posible identificar, como lo hemos hecho, subgrupos específicos, representando cada uno de ellos un potencial de mercado.

A continuación, presentaremos algunas características de estos grupos.

1. Dieta general

Las personas pertenecientes a este grupo no tienen restricciones de sabores, aromas, cantidad ni ingredientes, que impidan el consumo de productos realizados con sus ingredientes originales.

2. Dietas especiales

Tienen restricción en el consumo total o parcial de ingredientes o componentes. Entre estas personas se encuentran: Consumidores de productos con calorías reducidas, diabéticos, veganos y alérgicos a frutos secos, gluten, lactosa o aditivos químicos.

Estas personas requieren:

Productos seguros, esto es que sean preparados cuidadosamente sin incluir, bien sea porque se omiten o porque se sustituyan de manera segura, aquellos componentes que no les sea permitido el consumo, por ejemplo, chocolate con edulcorantes sustitutos del azúcar.

Asimismo, requieren estar informados, de manera clara e inequívoca, de la composición de los productos antes de consumirlos, como sería el caso de un producto que no lleve un fruto seco, pero que sí es empleado en otras preparaciones en el sitio de elaboración, es necesario advertir que tu producto puede contener trazas de aquel fruto seco.

De igual manera requieren que el empaque y el contenido coincidan sin errores. Un error que afecte la salud de un consumidor acarrea responsabilidad civil y moral, además de la pérdida de credibilidad en tu marca. De manera que debes prestar mucha atención y cuidado en el diseño de producto, de su proceso de producción y manejo si optas por este tipo de productos.

Oportunidad de consumo

La ocasión en que los potenciales consumidores requerirán tus productos es un aspecto que influirá en el diseño de tu negocio. Es por ello que hemos considerado los siguientes seis grupos de situaciones con características particulares.

1. Al paso, cuando compra a un ambulante o en un punto de venta.
2. Servido en la barra o en una mesa de un café o restaurante.
3. En la tranquilidad del hogar.
4. En el lugar de trabajo o de estudio.
5. Al recibir el producto como obsequio
6. Durante un evento o una celebración.

A continuación, detallaremos las características de cada uno, así como también la responsabilidad y las implicaciones económicas y operativas que implica su práctica.

1. Al paso

   a) Consumo sobre la marcha, movido por la oportunidad y el impulso.
   b) Productos de consumo individual o fraccionados.
   c) Ocurre en lugares de alto tráfico: kioscos, tiendas de conveniencia, *mall* o *shopping center*.
   d) Requiere un empaque que facilite el consumo individual y el manejo higiénico y seguro.
   e) Requiere embalaje para brindar protección en el manejo y traslado de lotes.
   f) Puede estar sujeto a estacionalidad inversa, como cuando baja de la demanda en épocas de calor o vacaciones.

2. En el Café/Restaurante

   a) Consumo como complemento de comidas o bebidas.
   b) Pueden ser productos de consumo individual o raciones servidas en plato y consumidas con el uso de cubiertos.
   c) Productos de duración media o prolongada. Pueden requerir ser refrigerados.
   d) Empaque para brindar protección en el manejo y traslado.
   e) Puede estar sujeto a estacionalidad inversa, por ejemplo, por baja de la demanda en épocas de calor.

3. En el Hogar

   a) Consumo individual o familiar.
   b) Pueden ser productos individuales o para ser fraccionados.
   c) Los productos pudieran requerir refrigeración.
   d) Puede ser necesario emplear un servicio de entrega.
   e) Puede presentar estacionalidad en la demanda en épocas de celebraciones: Día de la Madre, Día del Padre o Pascuas.
   f) Puede estar sujeto a estacionalidad inversa, es decir que haya épocas cuando baja la demanda. Por ejemplo, en épocas de calor.

4. En el Trabajo/Estudio

   a) Consumo individual o en grupo en el lugar de trabajo o estudio.
   b) Productos que no requieren refrigeración.
   c) Requiere empaque adecuado para facilitar transporte y manejo.
   d) Puede presentar estacionalidad en las Pascuas y puntual a fin de mes.
   e) Puede estar sujeto a estacionalidad negativa: Baja de la demanda en épocas de vacaciones.

5. Obsequio

   a) Producto de consumo individual o para ser fraccionado.
   b) El empaque es parte del obsequio y debe proteger y atraer por igual.
   c) Puede ser complementado con productos de terceros: libros, bebidas, flores o peluches.
   d) Puede requerir un servicio de entrega.
   e) Marcada estacionalidad con incremento de la demanda en Pascuas, Día del Amor y la Amistad, Día de la Madre o Día del Padre.

6. Evento/Celebración

   a) Cliente personal o corporativo.
   b) Producto de consumo individual o para ser fraccionado.
   c) Mayor demanda hacia los fines de semana.
   d) Requiere empaque para manejo y traslado.
   e) En caso de cliente corporativo requerirá emisión de factura legal.
   f) Puede requerir un servicio de entrega.
   g) Muestra estacionalidad en época de bodas, bautizos y comuniones.
   h) Puede presentar estacionalidad inversa en períodos vacacionales.

Factores que determinan la compra

El diseño de los productos y de tu negocio debe responder a aquellos factores que determinan la decisión de compra de los clientes. Puede ser uno o una combinación de varios. En cualquier caso, no debes obviar este punto. Así que hemos identificado un total de doce factores:

1. Calidad. El producto satisface o excede lo esperado por el cliente.
2. Precio. El precio acorde al dinero dispuesto al gasto por el cliente.
3. Moda. El auge temporal del favoritismo por un producto o servicio, novedoso o ya existente.
4. Atención al cliente. La que se brinda al vender y entregar un producto.
5. Empaque. Envoltura y elementos que protegen y suman valor al producto.
6. Apariencia del producto. El conjunto de cualidades apreciables en el producto tales como la forma, brillo, color, olor, tamaño o peso, entre otros.
7. Practicidad. Aquí hablamos de la cualidad del producto que facilita su uso, manejo y conservación en diversas circunstancias.
8. Garantía. La promesa de que nuestros productos cumplen con lo ofrecido y cuentan con el respaldo responsable y accesible del productor.
9. Accesibilidad. Nuestros productos estén allí cuando se requieran.
10. Confianza. Percepción de nuestros productos que permite su consumo sin dudas acerca de sus efectos en la salud.
11. Novedad. Un producto, servicio u organización que tiene como atractivo características innovadoras.
12. Lealtad. La fidelidad desarrollada por las experiencias satisfactorias previas y que provoca resistencia a cambiar o probar otras opciones.

A continuación, detallaremos los elementos que impulsan a los clientes a la compra según cada uno de estos factores.

1. Calidad

   a) Clientes exigentes que buscan en primer lugar, la satisfacción de sus necesidades y expectativas.
   b) Ingredientes de primera calidad.
   c) Productos impecables, disponibles y accesibles cuando sean requeridos.

2. Precio

   a) Clientes que buscan en primer lugar, el precio más económico del producto.
   b) Valoración limitada de aspectos de otros aspectos del producto.
   c) Baja fidelidad a la marca.
   d) Eventualmente se irán con quien ofrezca el menor precio. Bajar precios para retener a estos clientes puede ser perjudicar el negocio.

3. Moda

   a) Clientes que siguen la tendencia de consumo del momento.
   b) Las modas son pasajeras y su duración es incierta, aunque la moda rara vez se prolonga más de seis meses.
   c) Beneficioso si los productos están presentes en el mercado en el momento oportuno. Llegar tarde puede ser contraproducente. De manera que es básico ser muy prudente si se requieren inversiones para aprovechar la demanda causada por la moda.

4. Atención al cliente

   a) Los clientes en su decisión de compra valoran el servicio y la calidad de la interacción que se dispensan junto al producto.
   b) Es un aspecto complejo puesto que incluye el discurso, lenguaje, actitudes, aptitudes y ambiente, entre otros elementos que en suma determinan la preferencia del cliente.

5. Empaque

   a) Clientes que son atraídos por las cualidades estéticas, protección u otras que ofrece el empaque del producto.
   b) Este aspecto puede abarcar un amplio espectro. Desde el atractivo de la envoltura para los niños hasta el empaque que es un regalo en sí mismo, en productos destinados a obsequios.

6. Apariencia del producto

a) Clientes a quienes impulsa la apetitosa y atractiva apariencia del producto. Principalmente, entre los niños, aunque no se limita a ellos. Asimismo, es factor determinante en ocasión de obsequios.

7. Practicidad

a) Clientes que valoran las facilidades de uso o consumo tal como los productos listos para llevar.
b) Clientes que aprecian la facilidad de manejo, conservación o transporte del producto, como los que no requieren refrigeración.

8. Garantía

a) Clientes que valoran la marca y la reconocen como responsable.
b) Aprecian los servicios ofrecidos por el proveedor del producto para atender dudas o reclamos y satisfacer al cliente.

9. Accesibilidad

a) Clientes que prefieren los productos que estén disponibles, fácilmente accesibles o listos para llevar, en los lugares que frecuentan.
b) Ideal para productos duraderos o de alta rotación.

10. Confianza

a) Clientes que confían en la idoneidad de la marca y en el proveedor para ofrecer el producto que pueden consumir sin dudas.
b) La confianza es determinante en caso de productos para niños o para aquellos productos destinados a dietas especiales.

11. Novedad

a) Clientes que se inclinan por probar productos, o presentaciones, no tradicionales, así como por servicios novedosos. Muy importantes en el éxito inicial de un producto.

b) Una novedad puede ser solo una moda, lo cual no es conveniente o, por el contrario, puede llegar a establecerse en el mercado.

12. Lealtad a la marca

   a) Clientes que sienten fidelidad por sus productos o marcas habituales.
   b) Difícil convencerlos para que prueben otras opciones.
   c) Incrementa los costos de adquisición de clientes.

Hasta aquí tenemos un mercado imaginario con todas estas categorías y grupos. Esperamos que sea una orientación válida para el diseño de tu negocio y puedas identificar los aspectos que describan mejor a tu segmento de clientes.

Específicamente, esta actividad de explorar y conocer las necesidades y características de un segmento de clientes es llamada estudio de mercado. Es vital para el futuro del negocio. Es la base de muchas decisiones trascendentes en el emprendimiento y en el futuro negocio.

El estudio de mercado puede ser muy formal y científico, con participación de expertos en el área y con un costo importante, lo cual será necesario en caso de que la inversión de tu negocio lo amerite. Desde luego, que si tu capital es limitado podrás apelar a la creatividad y astucia para estudiar el mercado.

Si reflexionas un poco, organizas las ideas y, sobre todo, si tienes claro lo que deseas conocer acerca de cuáles clientes potenciales y en cuál ámbito geográfico, puedes procurarte mucha información relevante al respecto. Para ello, puedes realizar entrevistas con clientes potenciales, visitar otros negocios en el área, quizás puedas hacer alguna encuesta, o simplemente observar de incógnito las reacciones y comentarios de los clientes acerca de tu producto.

Adicionalmente a esto, es muy importante estar alerta, observar el mercado, escuchar, leer en fuentes que puedan ofrecer información confiable y de interés. La organización y análisis de lo que averigües serán sólidas bases para tu negocio. Porque que mientras realista sea la imagen que obtengamos del segmento de clientes, pues mucho más probable será el éxito de tu negocio.

En este punto, esperamos que tengas una idea de cómo vas a determinar tu segmento de mercado. Ahora, te invitamos a que hagas un primer ejercicio de identificación de segmento de clientes.

Ejercicio 1
Define tu segmento de mercado objetivo

El siguiente ejercicio tiene como objetivo que explores de manera preliminar el segmento de mercado que atenderá tu negocio. Así, podrás posteriormente orientar las inquietudes y preguntas para conocer las características de tus potenciales clientes.

El presente es un formulario genérico, el cual puedes modificar sin restricciones. Además, puedes escoger tantas opciones como gustes en cada categoría. Si escoges una de cada una puedes tener 622.080 combinaciones diferentes de negocios, solamente considerando el segmento de mercado. ¡Todavía faltan 9 elementos! Es un proceso de análisis y reflexión, así que no te angusties, pues quizás borres y corrijas varias veces. Luego, en la práctica de tu estudio de mercado, formal o informal, lo verificarás con la realidad.

En www.danielrojasrivero.com podrás descargar las plantillas para completar el ejercicio.

Edad
❏ Niños ❏ Jóvenes ❏ Adultos Jóvenes
❏ Adultos ❏ Adultos Mayores

Sexo
❏ Femenino ❏ Masculino

Poder Adquisitivo
❏ Alto   ❏ Medio ❏ Bajo

Formación
❏ Superior ❏ Media ❏ Básica

Dietas
❏ General

Dietas especiales
❏ Calorías reducidas ❏ Diabéticos ❏ Veganos
❏ Sin Frutos secos ❏ Sin Lactosa ❏ Sin Gluten
❏ Sin Químicos Agregados

Uso de la tecnología de comunicaciones
❏ Alto ❏ Medio ❏ Bajo

Ámbito geográfico
❏ Zona o sector ❏ Ciudad ❏ Nacional ❏ Exterior

Oportunidad de consumo
❏ Al paso ❏ Café/Restaurante ❏ Hogar
❏ Trabajo/Estudio ❏ Obsequio ❏ Evento/Celebración

Factores de decisión de compra
❏ Calidad ❏ Precio ❏ Moda ❏ Atención ❏ Empaque
❏ Apariencia ❏ Practicidad ❏ Garantías ❏ Confianza
❏ Facilidad de acceso ❏ Novedad ❏ Lealtad a la marca

2. Tus productos: Bienes y Servicios

"El cliente siempre tiene la razón"
Harry Gordon Selfridge

Indudablemente que el cliente tendrá la razón, siempre que sus expectativas sean razonables. El cliente compra soluciones a sus problemas y aprecia el valor de lo que funciona para él, por tanto, no pagará por excusas ni por conocer tus problemas. Así que no queda otra opción sino, como ya hemos dicho, ofrecer el mayor valor posible a los clientes, esto es, una experiencia de compra y consumo sustentada en productos y servicios que destaquen en el segmento de mercado escogido. En ese sentido, el estudio de tu segmento de mercado te debe haber dejado pistas útiles para orientar el diseño de tu propuesta.

En este capítulo, a partir de las posibilidades que ofrece el negocio de chocolatería, trataremos los aspectos relacionados al diseño de los productos. Además, compartiremos el método de diseño de productos y servicios en sintonía con las características y necesidades del segmento de mercado.

El producto

Un producto es el resultado de un proceso de elaboración o fabricación destinado a satisfacer las necesidades y expectativas razonables de los consumidores en un determinado mercado.

De manera general, el producto puede corresponder a un bien, es decir a un objeto físico que podemos tocar, por ejemplo, una barra de chocolate, o a un servicio como puede ser la entrega a domicilio de tus chocolates. Usualmente los bienes están acompañados de servicios que los complementan. En este libro, en ocasiones, por razones prácticas y de simplicidad, denominaremos producto, indistintamente que se trate de un bien o un servicio.

Asimismo, por las mismas razones prácticas, en el caso de que se trate de una familia de productos, es decir un conjunto de variantes sobre una misma línea base de trabajo, receta o proceso, la denominaremos indistintamente producto o familia de productos.

El producto se constituye en el argumento principal para presentar tu negocio al segmento de mercado escogido y conquistarlo. De allí que sea necesario atender cuidadosamente no solamente al producto mismo sino también todos los elementos que le acompañan y complementan.

En ese sentido, tu negocio reflejará tus aspiraciones, competencias y posibilidades, de manera tal que para que emprendas el diseño del producto hemos considerado dos elementos principales:

1. Las destrezas y habilidades principales que son requeridas para elaborar los productos que desees desarrollar.

2. Los recursos necesarios, sean equipos, muebles o utensilios.

De forma tal que, solo a manera de ilustración, ofrecemos cuatro escenarios que pueden ayudarte a tomar decisiones respecto a tu negocio.

Antes, sin embargo, debemos puntualizar que se mencionan destrezas y los recursos de manera general en cada escenario, puesto que los límites entre ellos son arbitrarios y en algunos casos, los recursos mencionados son aplicables para algunos productos específicos y no para todos.

Así, tenemos, los cuatro escenarios que hemos denominado: básico, intermedio, avanzado y experto.

Escenario: Básico

Destrezas destacadas:
    Básicas en el trabajo de chocolatería.
    Fundido y temperado de chocolate.

Elaboración de postres sencillos con chocolate.
Buenas prácticas de higiene y manipulación de alimentos.

Equipos y recursos requeridos:
Equipos domésticos para manejo de chocolate.
Baño de María/Microondas
Termómetro: Rango mínimo entre 20°C y 60°C.
Mangas, plástico y otros descartables.

Escenario: Intermedio

Destrezas destacadas:
Elaboración de ganache.
Técnica de bañado de chocolate.
Conservación de temperatura de chocolate.
Uso de moldes de acetato o silicona.
Principios de confitería.

Equipos y recursos requeridos:
Utensilios de chocolatería: Tazones, moldes, tenedores, espátulas.
Equipos domésticos y/o profesionales.
Termómetro: Rango mínimo entre 20°C y 200°C.
Mangas, plástico y otros descartables.

Escenario: Avanzado

Destrezas destacadas:
Uso de moldes policarbonato.
Elaboración de centros líquidos.
Técnicas de saborización de chocolate.
Rellenos suaves para barras.
Elaboración de postres con chocolate de alto grado de dificultad.

Equipos y recursos requeridos:
Mobiliario para el trabajo de chocolatería.
Utensilios profesionales.
Equipos profesionales para un obrador: cocina, horno, batidora, refrigeradores.
Equipo profesional en el templado y conservación de temperatura de chocolate.

Escenario: Experto

Destrezas destacadas:
Elaboración de grageas cubiertas de chocolate.
Diseño de esculturas y piezas tridimensionales.
Moldeado específico con gelatina y materiales diversos.
Creación de postres y platos de su autoría.
Elaboración propia de chocolate a partir de cacao.

Equipos y recursos requeridos:
Utensilios profesionales.
Equipo profesional especializado en chocolatería.

En este momento, ya puedes tener una idea más clara de tu punto de partida. Quizás tu situación no se corresponda exactamente con uno de estos cuatro escenarios, pues puede que sea una combinación de dos o más de ellos. No hay problema, porque lo importante es que sepas cuál es tu punto de partida y el rumbo que quieres seguir.

Productos en chocolatería

En esta sección vamos a presentar los productos de chocolatería asociados a cada uno de los escenarios identificados que podrías desarrollar.

Productos en el escenario básico

1. Rizos de chocolate. Franjas de chocolate enrolladas.
2. Rochers. Cereales o frutos secos aglomerados con chocolate.
3. Discos de chocolate.
4. *Mendiants*. Disco de chocolate con frutos secos y frutas secas variados.
5. Galletas, *marshmallows* y otros productos cubiertos de chocolate. Sean productos propios o elaborados por terceros.
6. Paletas, piruletas, chupete o chupeta. Pieza circular de chocolate con palito.
7. Bebidas de chocolate. Calientes o frías.
8. Flanes, natillas y cremas. En presentación individual o pieza completa.
9. Bebida de chocolate caliente o fría.

Productos en el escenario intermedio

1. Trufas. Pieza esférica de ganache saborizado, cubierto de chocolate y adornado.
2. Figuras sólidas moldeadas en moldes de acetato o silicona.
3. Barras de chocolate.
4. Barras de chocolate con inclusiones de frutos secos, fruta seca o dulces suaves.
5. Letreros de chocolate.
6. Bombones de centro suave cortados y bañados.
7. Postres con chocolate.

Productos en el escenario avanzado

1. Bombones moldeados.
2. Barras de chocolate saborizado sin relleno.
3. Barras de relleno suave.
4. Bombones de centro líquido.
5. Postres de chocolate con alta complejidad.
6. Untables de chocolate.

Productos en el escenario experto

1. Grageados. Pastillas, frutas y frutos secos cubiertos de chocolate.
2. Bombones de centro firme, turrón y otros, cortados y bañados.
3. Postres artísticos de autor.
4. Piezas cubiertas de chocolate pulverizado.
5. Esculturas artísticas. Obras únicas de grandes dimensiones.
6. Chocolate de producción propia a partir de cacao.

Ahora bien, cada uno de los productos en estas líneas o familias puede ser realizado con las tres opciones básicas del chocolate: oscuro, de leche o blanco en sus variantes y con diversidad de ingredientes.

A fin de tenerlos presente, y a mano para estimular el trabajo de diseño del producto, revisemos algunos de los ingredientes más comunes en el negocio de chocolatería. Entre ellos tenemos:

Chocolate oscuro, chocolate de leche, chocolate blanco, chocolate rosado, manteca de cacao y cacao. Además, estas opciones pueden ser multiplicadas por las diferentes presentaciones de cada una de ellas, las mezclas de cacaos con mayores o menores porcentajes de licor de cacao, manteca y el uso de azúcar o de edulcorante sustitutivo. Por supuesto, también el cacao en polvo, también llamado cocoa.

Lácteos: leche en polvo, leche fresca, leche evaporada, leche condensada, quesos, mantequilla (llamada manteca en otros lugares) y crema de leche.

Frutos frescos: manzanas, fresas, melocotones, maracuyá y naranjas.

Frutas confitadas: naranjas, limas, papayas, ananás, higos, cerezas y albaricoques.

Frutos secos: nueces, almendras, avellanas, pecanas, anacardo, cacahuate, *nibs* de cacao, sésamo, amaranto, vainilla y cereales.

Frutas secas: pasas de uva, ciruelas, higos, albaricoques, peras, fresas y manzanas.

Hierbas: té verde, té negro, hierbabuena, menta y manzanilla.

Flores: lavanda, jamaica, azahar, clavel, rosa y jazmín.

Especias y sabores: clavos, canela, pimienta, anís, nuez moscada, anís estrellado y fleur de sel.

Licores: Whiskies, rones, licor de avellanas, crema de whisky y otros.

Edulcorantes: Azúcar, azúcar pulverizada, azúcar invertido, glucosa y sucedáneos del azúcar.

Harinas y féculas de trigo, maíz, almendras y coco, entre otros.

Huevos, albúmina, gelatinas y esencias.

Asimismo, muchos de los productos de chocolatería pueden ser decorados con cubiertas de chocolate, fondant o sirope; piezas de azúcar o chocolate; frutos secos, espolvoreados o en trozos; lluvia de chocolate o confites miniatura, entre otras muchas opciones.

Por otra parte, puedes combinar productos de chocolatería con otros tipos de obsequios que los complementen, tales como libros, flores u otros. Puesto que un arreglo presentado estéticamente realza el valor del producto.

Asimismo, puedes incorporar servicios que agreguen valor, derivados o relacionados con la chocolatería, tales como la entrega a domicilio, el arreglo de la mesa de dulces o chocolates, o el alquiler de fuentes de chocolate con atención incluida o sin ella.

En general, en el proceso de definir tu producto es muy importante identificar proveedores y asegurar la disponibilidad permanente de ingredientes.

En síntesis, el catálogo de posibles productos es amplio. De acuerdo a tus conocimientos, recursos, posibilidades y la disponibilidad de materias primas puedes desarrollar los tuyos.

Elementos en el diseño del producto

Ahora vamos a considerar los aspectos básicos para alinear correctamente tu propuesta de valor, es decir, los productos, servicios asociados e incluso valores compartidos, con tu segmento de clientes. De esta manera se facilitará la aceptación y también, unas operaciones de negocios efectivas y rentables.

Al momento de entrar a un mercado como nuevo actor, es necesario hacerlo con características sólidas para competir. Hay algunas de ellas que son generales tales como el enfoque innovador, la robustez del diseño y la capacidad para producir siempre de la misma manera y con igual resultado.

Por otra parte, otras de las características son específicas del producto tales como su calidad esencial, sus dimensiones, durabilidad y conservación, empaque, etiquetado y, finalmente, la calidad ampliada del producto con los servicios que lo acompañan.

Examinemos cada uno de ellos.

Innovación

La observación de tu segmento de mercado te habrá ofrecido valiosa información acerca de cuáles son los productos que le venden, quiénes y a cuál precio. Además, será muy útil que hayas identificado tanto las fortalezas que tienen esos eventuales competidores, tales como tiempo de permanencia en el mercado, tamaño de la empresa o red de distribución, así como también puedes haber conocido algunos aspectos no atendidos o, también debilidades de esos productos y de sus servicios asociados.

De manera que tu negocio debe llenar un vacío o abrir un espacio para tus productos en el mercado, puesto que ofrecer un producto ya existente al mismo segmento de clientes en el mismo mercado es resignarse a vender menos, más barato e inevitablemente, a desaparecer.

Al principio, quizás tengas alguna idea del producto que te gustaría hacer, acompañada o no, por una receta prometedora. Quizás tengas como referencia algún producto ya existente. No te avergüences de hacerlo, pues no será la primera ni la última vez que ocurra en la historia de los negocios.

Imitar no es malo, pero no superar lo imitado es pésimo. Copiar es una manera de aprender. Así que puedes copiar como punto de partida, pero deberás cambiar, modificar, adaptar o innovar el producto, su empaque, el servicio, el proceso, el segmento de clientes o todo junto. En cualquier caso, la innovación debe ser apreciable por el cliente, de lo contrario, ella y el producto pasarán desapercibidos, lo cual resultaría peligroso para tu negocio.

Ahora que ya conoces la oferta existente y tu segmento del mercado, agrega tu toque personal y original a tus productos.

Robustez

En la vida del producto de chocolatería habrá momentos críticos que debe superar para llegar hasta el cliente. Entre los más relevantes tenemos: el traslado cuando ocurren vibraciones, los cambios de condiciones ambientales, o, también, en el momento de cortar un trozo.

En ese sentido, consideramos la robustez del producto de chocolatería como la capacidad de mantener sus características físicas a lo largo de su vida hasta el momento de su consumo.

En otras palabras, robustez significa que el producto no se rompa, deshaga, desmorone, chorree, derrame o cualquier otro cambio que perjudique su calidad.

La robustez requerida dependerá específicamente del tipo de producto, del período entre los momentos de elaboración y consumo; y del mercado a que se destine.

Ahora bien, aunque también intervengan otros factores como los ingredientes, su calidad y frescura, la robustez del producto se debe en buena medida a la estructura, es decir, la forma como se relacionan las partes o componentes que lo conforman.

Los productos de chocolatería más sencillos habitualmente son elaborados en una sola parte o etapa, sean unos rizos, una taza de chocolate caliente o natilla, por mencionar algunos ejemplos.

Sin embargo, en muchas otras ocasiones podemos ver que existe un proceso de varias etapas, con armado o ensamblado de partes y componentes. Por tanto, es importante considerar la estructura del producto para que sea robusto y que su proceso de producción sea práctico, fluido y rentable.

Aun a riesgo de simplificar en exceso, consideraremos dos tipos de componentes estructurales del producto de chocolate: Principales y complementarios.

Principales

En este apartado consideraremos los elementos que sirven de base para elaborar el producto y que deben sostener a los demás elementos. Además, suelen llevar el sabor dominante del producto. Estos elementos pueden ser conchas o coquillas para bombones, núcleos para trufas, centros líquidos para bombones, turrones, bizcocho y galletas, entre otros.

Complementarios

Son todos los elementos que completan, ligan, decoran o integran a los principales. Adicionan toques armoniosos o contrastantes de apariencia, sabores, aromas, texturas y sonidos. Usualmente, requieren preparación por separado como sub recetas aunque algunos de ellos se pueden comprar listos para usar. Entre estos elementos de la estructura del producto de chocolatería tenemos los siguientes: las inclusiones de frutos y frutas secos; las cubiertas de sirope o jarabes, caramelo, fondant y mousses; los elementos decorativos en forma de piezas, chispas, ralladura u hojuelas; los rellenos, o topes, con cremas, ganaches, jarabes, geles y confituras, entre muchos otros. La integración de elementos debe evitar su caída, roturas o derrames.

En cualquier caso, incluir en el diseño que el producto se mantenga en condiciones de satisfacer al consumidor evitará pérdidas, devoluciones y reclamos. Esto mejora la satisfacción del consumidor y reduce costos. Sin dudas, estas son dos claves para el éxito del negocio.

Normalizado o estandarizado

A fin de conquistar porciones de mercado, el producto debe mantener sus características como tamaño, colores, sabores y empaque, entre otras, en cada ocasión que se degusten. Los productos serán identificados, recordados y reclamados por los clientes gracias a ellas.

Por ello, estas características deben ser estandarizadas o normalizadas en tu negocio, lo que quiere decir que tanto el producto como el proceso de elaboración deben especificarse claramente y de esa manera evitar variaciones apreciables por los clientes. Asimismo, todos los involucrados en su producción deben conocer y respetar esos estándares.

Por un lado, un proceso desordenado o al gusto de quien lo ejecute, consumirá diferentes cantidades de ingredientes y de tiempo, lo que, en conjunto, producirá variaciones en el producto y en los costos.

Por otra parte, un producto no estandarizado será diferente entre una y otra compra. Los clientes regularmente no gustan de tales diferencias, por lo que una contribución al éxito del negocio será lograr que los productos sean iguales siempre, apenas con las naturales variaciones aceptables o no perceptibles.

Calidad esencial del producto

Ahora, consideremos el producto de chocolatería en sí mismo. Es decir, solo lo que ingerirá el consumidor. Nos apoyaremos en las propiedades organolépticas, o sea, aquellas que percibimos a través de nuestros cinco sentidos.

Al llegar a una chocolatería, nos atrae la apariencia apetitosa junto al aroma de sus productos. Luego de escoger, deleitaremos otros sentidos cuando los degustemos y apreciemos el sabor, las texturas y los sonidos. Veamos uno por uno, cómo puede nuestro producto estimular los sentidos.

Vista

La apariencia es el atractivo principal de los productos de chocolate. Analicemos este aspecto complejo, pues tenemos: la armonía de colores, tanto los clásicos de las variedades de chocolate como los colores agregados; la forma, disposición y tamaño del producto; el acabado, sea brillante, opaco o una combinación de ellos.

Asimismo, la decoración aporta a la experiencia visual con el empleo de elementos tales como figuras de chocolate, caramelo o azúcar, cremas, frutos secos, lluvia de chocolate o de confites, frutas frescas, polvos decorativos y hojuelas de oro o plata, entre otras muchas posibilidades.

Olfato

El aroma de chocolate es característico e irresistible. Una estupenda carta de presentación para un producto de calidad, pues es indicativo de presencia de manteca de cacao y chocolate legítimo. Si bien el producto puede también ser acompañado armónicamente con muchos otros aromas, sean éstos de frutas, flores, hierbas, especias o licores.

Gusto

El sabor del chocolate, que desata pasiones, es un atractivo en sí mismo. Sin embargo, a la hora del diseño de tu producto la combinación entre chocolates o con otros ingredientes puede determinar el éxito.

El sabor del chocolate va muy bien con lácteos, frutos secos, fruta seca, fruta confitada, flores, hierbas, especias o licores en el balance que definas de sabores básicos: ácido, amargo, dulce, salado y umami. Sin embargo, en la búsqueda del mejor sabor posible deberás probar con variedades de porcentaje de cacao, con leche o blanco hasta dar con la combinación que refleje tu personalidad y gusto.

Tacto

Las sensaciones táctiles las experimentaremos al manipular el producto, sea con la mano, cuchara o tenedor, y en la boca al morderlo o paladearlo. De esta forma, apreciaremos la consistencia que puede ser líquida, gelatinosa, blanda, esponjosa, quebradiza, compacta o dura y sus posibles combinaciones.

De igual manera, la textura puede ser uniforme o con piezas, trozos o ralladuras. Otra fuente de sensaciones táctiles es la temperatura del producto en el momento del consumo.

Oído

El sonido clásico del chocolate oscuro templado al morderlo desata emociones y evocaciones. De modo que el producto de chocolate puede combinar sonoridades de otros ingredientes que complementen la sensación con el producto. Puede ser un sonido crujiente, si lo escuchamos con el oído externo, como el de algunas galletas, o un sonido crocante, ese que escuchamos con el oído interno al masticarlo, como el de los frutos secos. El sonido suma atractivo al producto de chocolatería y tiene muchos seguidores.

Indudablemente, mientras más sentidos estimule nuestro producto, más placentera será la experiencia del consumidor.

Dimensiones físicas del producto

El tamaño y peso del producto deben estar en función de la satisfacción de las necesidades de los clientes. Igual si son raciones individuales o productos para ser fraccionados y compartidos.

De manera que es necesario determinar el largo, ancho, alto o diámetro; y el peso del producto para que encaje en el rango aceptable por el cliente en la oportunidad de consumo, de manera que no luzca excesivo o muy escaso. Además, esto tiene impacto en los costos y eventualmente en el precio. Por ello, esta es una de las investigaciones más importantes e interesantes en el diseño del producto.

Asimismo, las dimensiones físicas determinan aspectos tales como el empaque o embalaje necesarios para la protección, manejo y traslado de los productos individualmente o en lote.

Duración y conservación del producto

Íntimamente ligadas, la duración del producto y las condiciones para su conservación son elementos determinantes en la comercialización de los productos de chocolatería.

Duración del producto

Nada mejor que un producto fresco. Es parte de su encanto. La duración del producto debe responder a varios elementos: la calidad y tipo de ingredientes; el período transcurrido entre la elaboración y el consumo; los canales de distribución y venta; y las condiciones de conservación requeridas.

Así, unas galletas cubiertas de chocolate exhibidas en un punto de venta deben poder soportar un período diferente a un pastel que será consumido pocas horas después de la compra.

Por tanto, a sabiendas de que dependerá de cada producto específico, su uso y conservación, a manera de ilustración podemos establecer una escala de durabilidad de los productos.

Corta. Hasta 3 días. Productos refrigerados o no con alta humedad.

Media. De 3 a 14 días. Productos que pueden requerir refrigeración.

Larga. Más de 14 días. Productos estables y de muy baja humedad, tal como sería el caso de los productos llevados a otras regiones o países.

Cualesquiera sean los plazos que determines, es importante que estemos claros que los productos marchitos o envejecidos pierden atractivo. Si estos productos están en un punto de venta, propio o de un tercero, significará que lidiaremos con las devoluciones. Por tanto, debemos afinar la duración del producto y su rotación en el punto de venta a fin de minimizar esta situación.

Conservación

Que el producto permanezca en óptimas condiciones durante su vida útil puede requerir ciertas condiciones. Habitualmente, para los productos de chocolatería bastaría con mantenerlos en un ambiente fresco y seco, protegidos del sol y otras fuentes de luz y calor, sin cambios bruscos de temperatura o humedad que pueden provocar afloramientos de manteca de cacao o azúcar; y también, ajenos a olores u otros contaminantes. Sin embargo, algunos postres y pasteles requieren refrigeración para conservarlos en óptimas condiciones.

En algunos negocios del escenario experto, debido a la estacionalidad de la demanda concentrada en períodos como Navidad, deben producir bombones a lo largo del año, congelarlos por meses y finalmente, descongelarlos, perfectamente conservados, en la temporada de ventas. Sí, eso es posible. Estamos hablando del escenario experto.

Definitivamente, los productos de chocolatería correctos en cantidades correctas en un segmento de mercado correcto se venderán sin mucha espera.

Empaque

Los productos de chocolatería requieren empaques específicos que deben ofrecer varias prestaciones. Seguidamente, presentaremos algunas de las opciones más comunes.

Manejo y traslado del producto

El empaque debe facilitar el manejo en el momento del consumo en el caso de productos individuales y debe posibilitar el traslado, ya sea de una unidad de producto como un pastel, o bien de lotes de productos.

Protección

El empaque debe proteger al producto de chocolatería para que no sea afectado por factores tales como golpes, polvo, lluvia, olores o animales.

Estética

El empaque acorde con el uso a que se destina el producto. La estética del empaque es un reconocimiento al valor que se concede al contenido. En los productos de chocolatería más emblemáticos, tales como los bombones, el empaque es muy importante puesto que también se emplean como obsequio.

Así, los productos podrían ser presentados con una, o más, de las siguientes opciones:

Papel: Servilletas, capacillos o pirotines, bolsas, papel celofán o papel alimentario.

Cajas: Industriales o artesanales, litografiadas o no; en cartón, cartulina, plástico, metal o madera.

Soportes: Discos, bases o platos de cartón, plástico o poliestireno expandido, conocido como anime, unicel, corcho blanco, telgopor o espumafón.

Envases: Vasos, botellas, botes, tarros, frascos, platos o recipientes de plástico, loza, vidrio o aluminio.

Complementos: Cucharillas, papel, lazos, cordones, adornos, pegatinas o calcomanías.

Etiqueta

En este libro vamos a considerar como etiquetado toda la información que forme parte del producto, bien sea que esté impresa en una o más etiquetas de papel o plástico, en el empaque, en la tapa o en la superficie del recipiente.

A menudo en negocios que se inician es suficiente que el etiquetado muestre solo la información necesaria para identificar el producto y a quien lo elabora.

Sin embargo, en otras situaciones el etiquetado puede abarcar una gran cantidad de información debido a las regulaciones legales, la naturaleza del producto o el propio ritmo de producción.

Ahora ofreceremos las funciones que puede cumplir el etiquetado, de manera que tengas una idea clara de lo que podrías aplicar en tu negocio cuando sea requerido.

Funciones del etiquetado

Entre las funciones que puede cumplir el etiquetado tenemos las que comentaremos a continuación:

Identificación y Promoción

La etiqueta permite diferenciar el producto por su nombre, imagen, lema, marca del productor y también puede incluir una imagen alusiva a su uso y origen, entre otras posibilidades.

Algunas etiquetas por su diseño y belleza agregan valor adicional al producto e incluso pueden llegar a ser coleccionables.

Descripción

La etiqueta explica el producto y menciona los ingredientes que contiene. Usualmente, los ingredientes son presentados en orden descendente de importancia o cantidad, así como el peso o volumen del producto.

Informativo

La etiqueta ofrece información de interés acerca del producto, tal como vigencia, instrucciones de uso, datos nutricionales, advertencias, recetas, campañas de buena voluntad, responsabilidad social o alguna otra información adicional.

Además, puede incluir indicaciones acerca de las condiciones de conservación, cuidados en el manejo, transporte y almacenamiento.

Atención al cliente

La etiqueta ofrece información para que el cliente pueda plantear una duda o problema y ser atendido.

Control

El etiquetado facilita el registro, control y rastreo de la producción. Ofrece información como lote, operador, fechas de elaboración y de vencimiento.

Legales

El etiquetado ofrece la información que por disposiciones legales debe acompañar al producto. Entre ellos: Datos de identificación del fabricante y el distribuidor, dirección, teléfonos, permisos y registro sanitario del producto.

Manejo informatizado

La impresión de los códigos legibles por un escáner o lector, como los de barra o QR, facilitan el manejo, los inventarios y la facturación.

Finalmente, si tienes planeado exportar tus productos, las etiquetas deberán reflejar la información correspondiente en los idiomas de esos mercados.

Calidad ampliada del producto

La calidad ampliada del producto abarca aspectos adicionales que conforman la experiencia del consumidor. Entre ellos tenemos el precio; la entrega o accesibilidad del producto en la cantidad, el lugar y el momento requeridos; la marca; la atención y servicios asociados; el ambiente; las garantías y muchos aspectos más que trataremos en su momento.

La búsqueda de tu propuesta para el mercado: El producto inicial, correcto y estable

En la mayoría de nuestras iniciativas de negocios avanzaremos con cautela, recursos y tiempo limitados, hasta lograr un producto válido.

En ese sentido, definiremos como producto inicial, correcto y estable (PICE) a aquel producto que alcanza a satisfacer exactamente, o en exceso, las necesidades y expectativas del segmento de clientes (cualidad de correcto) y además que, producido una y otra vez, sus características no cambian para los clientes (cualidad de estable). Es decir, siempre nos sale como debe ser.

Producto correcto: El producto da al cliente lo que necesita, espera, o más.

Producto estable: Todas las veces el producto es percibido igual por el cliente.

La búsqueda de un PICE es un proceso de aprendizaje. Necesitamos aprender rápido del producto, acerca del proceso para obtenerlo y de los clientes. Debemos estudiar y experimentar. Se aprende efectivamente de la experiencia. "El que hace, sabe" es una acertada expresión del Dr. Vicente Falconi Campos.

En consecuencia, aprendemos de los errores. No temas equivocarte. Equivocarse no es malo si aprendes del error. Si extraes el conocimiento, lo valoras e incorporas a la iniciativa del negocio. El conocimiento es una forma de capital, es decir, puedes usarlo para producir mejores bienes o servicios.

Eso sí, para hacer un uso efectivo de los recursos y tiempo el desarrollo de un producto debe ser un proceso metódico y ordenado, sin que llegue a ser rígido. De esta manera no eliminaremos los errores o fallos, pero reduciremos su aparición a casos inevitables, pese al uso del método.

El diseño del producto

Antes de iniciar el diseño y desarrollo de tu producto, te invito a un momento de reflexión. Esa idea del producto que tienes en mente, que te enamora y te trae de cabeza, es una estupenda referencia en tú búsqueda, pero es necesario considerarla con los pies sobre la tierra. Es decir, ponerla en blanco y negro, pero no como un simple ejercicio de redacción sino como resultado de verificarla con las posibilidades reales.

De esta manera, antes de las primeras inversiones de tiempo y recursos, surgirán inquietudes y problemas que te permitirán anticipar situaciones y así, tendrás una idea mucho más clara del camino, y sus retos, para diseñar tu producto.

El diseño de un producto inicial correcto estable es una mezcla de inspiración, esfuerzo y método. Además de lograr ese anhelado PICE, el proceso de diseño del producto tiene dos resultados tan importantes como ese, que servirán de base y permitirán que los siguientes pasos sean firmes. A saber:

A. La especificación del producto

Se refiere a la expresión documentada y organizada de todas las características que debe tener el producto correcto. En este sentido es válido utilizar textos, dibujos, diagramas, vídeos o fotografías. Aquello que obtendrás y que escribirás será el resultado del análisis integral de la idea, en sus más pequeñas partes y sus implicaciones en el producto, sus ingredientes, su forma, su estructura, su calidad esencial en apariencia, sabores, aromas, texturas y sonidos; su tamaño y presentación; su duración y conservación; su etiquetado y empaque.

B. La especificación del proceso requerido para elaborar el producto.

Los recursos tales como ingredientes, muebles, equipos, utensilios, espacios y tiempo; las habilidades y destrezas requeridas; los pasos y la secuencia en que deben ser ejecutados para obtener el resultado descrito en la especificación del producto en las cantidades que requiera tu negocio. Esto es necesario puesto que la producción para el mercado debe atender aspectos como los siguientes:

1. Escala. Las cantidades que produzcas en cada ocasión probablemente sean varias veces las de la receta original. En muchas preparaciones esto no es simplemente incrementar las cantidades, puesto que, probablemente, haya que ajustar temperaturas, tiempos de preparación o de cocción porque quizás tengas que emplear recipientes más grandes.

2. Tamaño del lote económico. Es la cantidad mínima a producir en un lote para aprovechar al máximo los materiales y el tiempo de las personas, equipos y espacios. De esta manera, el costo por unidad de producto obtenido será el mínimo posible. Recuerda que los desperdicios de materiales tienen un costo que alguien paga, aunque los aproveches en una rica bebida o en el deleite de los niños con los "recortes". Los clientes prefieren pagar por los productos netos y no por los desperdicios.

3. Dosificación. Si a partir de la preparación vas a crear porciones individuales será necesario desarrollar un método de medición rápido y preciso. En muchas ocasiones, basta una cuchara o cucharón específico para obtener las cantidades adecuadas. De esta manera puedes asegurar que las cantidades de cada porción sean todas iguales o tengan la menor variación posible.

4. Flujo de trabajo. Obtener el máximo rendimiento en el trabajo repetitivo y continuo requiere la optimización de la energía, el espacio y el tiempo. Así que, desde la llegada de las materias primas hasta más allá de la salida de los productos, se debe seguir una ruta continua, sin tropiezos ni demoras. Esto es aún más importante si participan diferentes personas en cada paso.

Las especificaciones del producto y del proceso nos permitirán realizarlo con las mismas características en cada ocasión. Esa es la esencia de un negocio.

El método de diseño

Es importante que la búsqueda de un PICE sea un proceso inteligente para minimizar el tiempo, el uso de recursos y que los resultados sean los mejores posibles. El criterio de realizar las inversiones gradualmente es recomendable para tu iniciativa. La mayoría de las pruebas, y también las fases iniciales de comercialización, van bien con recursos domésticos. Si te faltan algunos equipos o utensilios, quizás algún conocido te los pueda prestar o rentar puntualmente. Asimismo, podrías hacer las pruebas en un lugar equipado, puede ser un hogar o empresa, sea que te lo cedan o renten.

En ese orden de ideas, la búsqueda de un PICE es un proceso que debe ser llevado metódicamente. Usualmente, hay que repetir una y otra vez hasta afinarlo. La imagen de un ciclo que se repite es muy ilustrativa.

Ciclo de diseño del producto

En ese sentido, presentamos un método de cuatro pasos para diseñar un producto. En la figura 2, podemos ver el papel del cliente como fuente de información acerca de sus necesidades, sean estas percibidas o no, y como destinatario del producto que es resultado de secuencia de pasos del diseño del producto.

Figura 2. Ciclo de diseño de producto: Pensar/Planear-Desarrollar-Comprobar-Aprender.

Estos pasos ejecutados en secuencia tantas veces como se requiera. En cada giro se mejora continuamente el diseño. Se corrigen problemas y se agregan características. El proceso se detiene cuando el producto diseñado satisfaga las necesidades y expectativas de los clientes.

En general, podemos plantear el ciclo PDCA, creado por Shewhart y popularizado por Deming, de esta manera:

Pensar/Planear: Formular ideas claras acerca del problema o situación planteada, necesidades o preferencias del segmento de mercado, característica o aspecto del producto, la solución que probaremos, la manera de ejecutarla y los recursos necesarios. Este paso nos impide actuar impulsivamente en toda ocasión.

Desarrollar: En este paso vamos a llevar a la práctica lo planeado. Es muy conveniente en primer lugar, entrenar, practicar y, luego, ejecutar lo planeado.

Comprobar: Verificar la ejecución de lo planeado, los recursos consumidos y si obtuvimos la solución deseada. Mejor si puede incluir la opinión del segmento de mercado.

Aprender: Asimilar la experiencia en todos los aspectos posibles y extraer el conocimiento de los aciertos y fallos. Registra los aprendizajes. ¡Son oro en polvo!

Un PICE es el resultado de aplicar cada paso del ciclo PDCA. Normalmente, lo lograremos con varios giros. La perseverancia y tenacidad de quien emprende son probadas en este punto. No desesperes.

En el diseño del producto un giro del ciclo será una prueba o ensayo. Esto es válido para las pruebas de cada aspecto del producto, tales como, recetas o subrecetas, ideas, conceptos, empaques y comercialización. En realidad, el PDCA es útil, muy útil, para todo aquello que debamos realizar en el negocio... y en la vida.

Detallemos ahora el ciclo PDCA para el diseño del producto:

P. Pensar/Planear

Un estupendo inicio para cualquier actividad que facilita aclarar las ideas acerca del problema, la solución que queremos probar, el procedimiento que seguiremos y los recursos que necesitaremos.

Ciertamente, esto nos permitirá un trabajo más efectivo, en menor tiempo y con los recursos justos. Por supuesto, que esto incluye la investigación y estudio del tema mediante cursos, asesorías, visitas a otros negocios, conversaciones con personas experimentadas, búsqueda de buenas fuentes en internet o libros especializados.

Siempre que sea posible, será mejor dividir un problema en varios menores. El producto que deseas diseñar puede ser dividido, por ejemplo, en la base, cubierta, relleno, decoración, empaque, promoción y comercialización. Así, podrás avanzar en orden. Desde luego, habrá pruebas en las que puedes tratar más de un aspecto a la vez, lo que ahorrará tiempo y recursos.

Algunas de las preguntas que nos pueden ayudar a organizar una prueba o ensayo en el diseño de un producto son:

¿Cuál es el problema que vamos a resolver? ¿Cuál es el objetivo de la prueba?
¿Qué vamos a hacer para alcanzar el objetivo?
¿Cuáles serán los pasos a seguir?
¿Cuáles serán los recursos necesarios? ¿En cuál orden los utilizaré?
¿Cuánto tiempo me tomará hacerlo?
¿Cómo sabré si logré el objetivo o si el problema está resuelto?

Un caso que ilustra este punto es la "mise en place", expresión que en gastronomía significa todo puesto en su lugar a la hora de hacer una receta en la cocina. El proceso fluirá si todos los ingredientes, utensilios y equipos están disponibles para ser usados cuando se requieran. Esto nos permite ahorrar tiempo y minimizar el desperdicio, también nos permite la plena concentración en la tarea y como consecuencia, mejores resultados.

En este punto, el cuaderno del emprendimiento empieza a mostrar su utilidad en el diseño de tu negocio de chocolatería.

Registra en tu cuaderno del emprendimiento los datos relevantes de cada prueba en el diseño de producto:

1. Fecha/hora/lugar. Ubica específicamente en el tiempo y en el espacio cada prueba. Esto te ayudará a recordar detalles y aprendizajes.

2. Proyecto/Producto: Puedes identificarlo con un nombre breve: Ganache, temperado, trufas, relleno de piña colada, empaque.

3. Prueba N°: Es deseable identificar con un número la prueba/práctica que realizarás. No te asustes, ni te rindas por un número de pruebas que parezca grande, pues habrás aprendido mucho. Persevera.

4. Actividad por realizar. Expresar brevemente el objetivo de la actividad, por ejemplo, probar la receta de ganache, probar el procedimiento de temperado por sembrado, mejorar la consistencia de las trufas a la venta o probar la aceptación del relleno de piña colada.

5. Recursos necesarios. Esta parte abarca las materias primas, equipos, utensilios, mobiliario, servicios y condiciones que se deban considerar como temperatura, tiempo, humedad, iluminación y otras.

6. Pasos a seguir. Secuencia de los pasos indispensables, solo los indispensables, para lograr el resultado. Estos pasos son aquellos que, si no los haces bien, afectarán el resultado de la prueba.

7. Indicadores del resultado esperado: Medir es esencial para guiar los resultados hacia las metas. Hoy día se habla de métricas, por ello expresa claramente con números o con un valor en una escala como la de colores el resultado que esperas obtener. Entre ellos, pueden estar el peso, las dimensiones, la textura, el sabor, color, aroma, tiempos y cualquier otra forma que sea útil.

No te asustes. No escribirás demasiado. Solo lo indispensable. Eso sí, escribe de manera que se pueda leer y entender. Una anotación presurosa e ilegible será de muy poca utilidad en el futuro. Apenas una semana después deberemos esforzarnos para entender nuestra propia letra o una abreviatura improvisada.

D. Desarrollar

Ahora sí, con las ideas claras y todos los recursos a punto, nos disponemos a llevar a la práctica lo planeado.

Si en la prueba participaran otras personas es muy conveniente compartir con ellas lo planeado y explicarles lo que esperamos de su participación y lo que deberán hacer en el momento indicado. Antes de hacer la prueba un ensayo será de gran ayuda, pues preveremos dificultades y ahorraremos tiempo, recursos y desilusiones.

Procederemos entonces a ejecutar los pasos que habíamos establecido. Entonces, toparemos con la realidad, sí, la realidad es otra cosa. Es posible que haya situaciones no previstas:

Distracciones, llamadas telefónicas, errores y mucho más.
La llama de la cocina se apaga en mínimo.
La temperatura ambiente es muy baja o muy alta.
La olla era muy pequeña o muy grande.
Los trozos de chocolate eran muy grandes.

Las situaciones inesperadas son normales. Podemos evitar muchísimas de ellas con prevención y planificación, pero si llegan a ocurrir no es el fin del mundo. Si podemos superarlas de inmediato, muy bien y si no, pues será una prueba no superada que nos dejará un resultado incompleto que debemos analizar y una lección aprendida. En todo caso, son situaciones del día a día en el proceso de diseño de un producto.

Registra en tu Cuaderno del Emprendimiento las recetas o métodos empleados, los resultados obtenidos y las actividades realizadas, especialmente lo no previsto o inesperado. Procura medir los rendimientos obtenidos en unidades, pesos o medidas. Siempre que puedas registra el resultado con diagramas, fotografías o vídeos.

C. Comprobar

Una vez culminado el desarrollo de la prueba deberemos comprobar si el resultado concuerda con las métricas de resultado esperado. Por ejemplo, si efectivamente mejoramos la consistencia de la trufa, la ganache quedó brillante y tersa o logramos mayor aceptación del relleno de crema de piña colada, o si, por el contrario, la trufa no mejoró o la ganache quedó opaca y grumosa.

El cualquiera de los casos, lo importante es que podamos comparar con certeza lo que buscábamos con lo obtenido y actuar en consecuencia.

En algunas ocasiones, la comprobación requiere de la participación de clientes, preferiblemente a través de ventas. A todos nos gustan las cosas gratis así que la opinión más sincera de un producto o servicio vendrá de alguien que pagó por él. En estos casos, deberemos estar muy atentos para conocer las reacciones, opiniones y críticas (al igual que durante toda la vida del negocio); aceptarlas con humildad y, sobre todo, con la convicción de que la crítica más dura debe ser para un emprendedor un gran impulso para mejorar. Es muy importante que quienes participen en la prueba sean clientes correctos, es decir, pertenecientes al segmento que pretendemos atender, de no ser así sus opiniones pueden crear distorsiones en los resultados reales de la prueba.

Registra en tu Cuaderno del Emprendimiento todas las diferencias entre lo planeado y lo que efectivamente ocurrió tanto en los pasos a ejecutar, como en los ingredientes, en los resultados y todo aquello inesperado que surgió. También lo que hiciste en respuesta a ello.

A. Aprender

En este momento ya conoces los resultados de la práctica. Sabes que funcionó y lo que no, también lo que se realizó sin problemas de acuerdo a lo planeado y donde hubo que hacer ajustes sobre la marcha. Asimismo, si hubo errores, confusiones o eventos inesperados y en caso de participación de clientes, podrá conocer sus opiniones y críticas.

De manera que estás en un momento importante del diseño de tu negocio para reflexionar acerca de lo ocurrido, valorar los hallazgos, los más felices y los menos, analizar las causas que pueden haber originado aquellos imprevistos y las posibles medidas para evitar que ocurran nuevamente. Todo ese aprendizaje debe ser incorporado al conocimiento que manejas del negocio. Te sugerimos que lo consideres un valioso aporte al capital intelectual de tu negocio.

En ese sentido, cuando haces un curso aprendes con la experiencia y estudios de otros, en este caso estás aprendiendo directamente, en primera persona. Eso tiene un enorme valor. Lo aprendido va a ser utilizado decenas, cientos o miles de veces en el negocio que estás diseñando. Si acaso perdiste algo de materia prima, pues bien vale la inversión. Por cierto, el chocolate, salvo que lo quemes, siempre lo podrás aprovechar para hacer una rica bebida.

De la misma forma, es importante que esta reflexión la hagas antes de que transcurran 24 horas de la práctica. Así podrás tener claros muchos pormenores que con el tiempo se desvanecerán. En aquellos casos en que la prueba ocurra en otro lugar, como una tienda o punto de venta, es importante visitarlo a fin de conocer en detalle sobre la situación, las personas, el espacio y los objetos reales a fin de obtener una idea más completa y que sea útil para la mejora.

El cuaderno del emprendimiento, nuevamente, será el lugar ideal para registrar estas experiencias y aprendizajes que enriquecerán tu diseño del negocio. Basta, un relato corto, si es posible enriquecido con imágenes, fotos o vídeos. De esta forma, cuando tengas el tiempo y la disposición podrás iniciar un nuevo PDCA con los cambios o mejoras que hayas determinado en esta prueba y así darle continuidad al diseño de tu producto.

El diseño de un producto es el resultado de la ejecución del ciclo Pensar-Desarrollar-Comprobar-Aprender tantas veces como haga falta hasta tener un PICE satisfactorio. No hay nada predeterminado. Tu producto puede estar listo con solo una repetición del ciclo o, por el contrario, requerir de varias o muchas repeticiones que sumen bondades y eliminen defectos.

Cualquiera que sea el caso de tu negocio, lo cierto es que la búsqueda metódica del producto inicial, correcto y estable es más rápida, económica y directa que los más inspirados intentos, sin orden ni concierto, con avances caóticos, difíciles de aprovechar y que usualmente desperdician el tiempo y los recursos de tu negocio

Por tanto, consideramos que la clave del diseño de productos está en la suma de inspiración, conocimiento y método, para no perder detalle y capturar todo el conocimiento derivado de la experiencia. Además, frecuentemente acompañados de persistencia.

De manera resumida, el diseño del producto como proceso podemos resumirlo así:

1. Pensar/Planear/Repensar el producto.
2. Desarrollar
3. Comprobar
4. Aprender.

5. ¿Está perfectamente sintonizado el producto con las necesidades y expectativas de los clientes del segmento escogido?
   Si la respuesta es "Sí" ¡Felicidades! Sigue al paso "6. Diseñar el negocio."
   Si es "No" volver al paso "1. Pensar/Planear/Repensar el producto". En algún momento del proceso de diseño pudiera ser conveniente considerar un cambio de segmento de clientes o de mercado.

6. Diseñar el negocio.

Ahora, te toca ejercitar estas ideas.

Ejercicio 2
Define tu producto

Ahora pondremos en práctica la creatividad para explorar las posibles opciones de productos de acuerdo al segmento de mercado que has escogido, a tus habilidades, expectativas y recursos.

Este ejercicio, poderoso y estimulante, te facilitará el manejo de los millones de posibles variantes de productos por ingredientes, sabores, texturas, colores, aromas, formas, tamaños, empaques, complejidad y muchas características más. De esta manera, podrás ampliar horizontes, orientar tus pruebas de productos y ahorrar tiempo y recursos.

En www.danielrojasrivero.com podrás descargar las plantillas para completar el ejercicio.

Por supuesto que vale borrar, corregir, volver, avanzar. Lo que haga falta. ¡Adelante!

Productos Nivel Básico
❏ Rizos de chocolate ❏ Rochers ❏ Discos de chocolate ❏ *Mendiants*
❏ Cubierta de galletas, *marshmallows* y otros productos ya elaborados.
❏ Paletas ❏ Bebidas de chocolate
❏ Flanes, natillas y cremas con chocolate ❏ Otro:

Productos Nivel Intermedio
❏ Trufas ❏ Figuras sólidas moldeadas ❏ Barras
❏ Barras con inclusiones de frutos o frutas secas
❏ Letreros ❏ Bombones de centro suave cortados y bañados
❏ Postres con chocolate ❏ Otro:

Productos Nivel Avanzado
❏ Bombones moldeados ❏ Barras saborizadas sin relleno
❏ Barras de relleno suave ❏ Bombones de centro líquido
❏ Untables con chocolate ❏ Postres con alto grado de dificultad
❏ Otro:

Productos Nivel Experto
❏ Grageados ❏ Bombones de centro firme cortados y bañados
❏ Postres artísticos de autor ❏ Piezas cubiertas de chocolate pulverizado
❏ Esculturas artísticas ❏ Chocolate de producción propia ❏ Otro:
❏ Otro:

Especificaciones del producto
Ingredientes
❏ Cacao y derivados
❏ Chocolate oscuro ❏ Chocolate de leche ❏ Chocolate blanco
❏ Chocolate rosado ❏ Edulcorantes ❏ Esencias ❏ Especias
❏ Frutos secos ❏ Fruta seca ❏ Fruta confitada ❏ Frutas frescas
❏ Florales ❏ Gelatinas ❏ Harinas ❏ Hierbas ❏ Huevos
❏ Lácteos ❏ Licores ❏ Otros:

Estructura del producto
Principal
❏ Conchas ❏ Sólidos ❏ Bizcochos ❏ Untables ❏ Piezas irregulares
❏ Aglomerados ❏ Líquido ❏ Otros:

Complementaria
❏ Rellenos ❏ Centros ❏ Capas ❏ Inclusiones ❏ Cubiertas ❏ Decorados
❏ Otros: ❏ Ninguno

Rellenos/Centros/Inclusiones/Cubiertas
❏ Cremas ❏ Ganaches ❏ Jarabes ❏ Geles ❏ Confituras ❏ Siropes
❏ Caramelo ❏ Fondant ❏ Mousses ❏ Turrones ❏ Otros:
❏ Ninguno

Calidad esencial del producto

Propiedades organolépticas
Apariencia
❏ Chocolate blanco ❏ Chocolate de leche
❏ Chocolate oscuro ❏ Chocolate rosado ❏ Coloreado

Forma
❑ Esférica ❑ Redonda ❑ Cuadrada
❑ Rectangular ❑ Cilíndrica ❑ Irregular

Acabado
❑ Brillante ❑ Mate ❑ Mixto: Brillante/Mate
❑ Liso ❑ Irregular ❑ Mixto: Liso/Irregular ❑ Otro

Decoración
❑ Figuras de chocolate ❑ Frutos secos ❑ Crema ❑ Hojuelas
❑ Trozos ❑ Lluvia de chocolate ❑ Lluvia de confites
❑ Figuras de caramelo ❑ Frutas frescas
❑ Colorantes ❑ Polvos decorativos

Sabores
❑ Chocolate oscuro ❑ 53% ❑ 60% ❑ 65 % ❑ 70% ❑ 85% ❑ 90%
❑ Chocolate de leche ❑ 33% ❑ 40% ❑ Otro
❑ Chocolate blanco ❑ Chocolate rosado ❑ Florales ❑ Fruta confitada
❑ Fruta seca ❑ Frutos secos ❑ Herbales ❑ Especias ❑ Lácteos
❑ Licores ❑ Otros:

Balance
❑ Ácido ❑ Amargo ❑ Dulce ❑ Salado ❑ Umami

Aromas
❑ Chocolate oscuro ❑ Chocolate de leche ❑ Chocolate blanco
❑ Chocolate rosado ❑ Lácteos ❑ Frutales ❑ Florales
❑ Herbales ❑ Especias ❑ Licores ❑ Otros

Consistencia
❑ Líquida ❑ Gelatinosa ❑ Blanda ❑ Esponjosa ❑ Quebradiza ❑ Firme
❑ Compacta ❑ Dura ❑ Otro:

❑ Uniforme
Mixta ❑ Piezas enteras ❑ Trozos ❑ Ralladura ❑ Otras

Sonido
❑ Crujiente ❑ Crocante ❑ Ninguno

Dimensiones de producto

Tamaño (en centímetros)
Largo: Ancho: (cms.) Alto: (cms.) Diámetro: (cms.)
Peso: (g.)

Conservación
❏ Ambiente fresco y seco ❏ Refrigerado

Duración del producto
❏ Corta (hasta 3 días) ❏ Media (de 3 a 14 días) ❏ Larga (Más de 14 días)

Empaque
❏ Capacillo ❏ Servilleta ❏ Celofán ❏ Celofán y etiqueta
❏ Celofán litografiado ❏ Papel ❏ Bolsas ❏ Papel alimentario
❏ Papel aluminio ❏ Papel aluminio y etiqueta ❏ Papel y etiqueta
❏ Papel litografiado ❏ Cajas genéricas de cartulina
❏ Cajas genéricas de cartulina litografiadas
❏ Cajas de cartulina diseño propio
❏ Cajas de cartulina litografiadas diseñadas para tu negocio
❏ Cajas artesanales ❏ Platos o discos ❏ Vasos ❏ Frascos
❏ Cajas ❏ Botellas ❏ Botes/Tarros ❏ Platos ❏ Tazas ❏ Jarras
❏ Recipientes ❏ Cajas de cartón liso ❏ Cajas de cartón corrugado
❏ Lazos ❏ Cordones ❏ Adornos ❏ Otros

Presentación
Ración
❏ Individual
Pieza
❏ Grande ❏ Mediana ❏ Pequeña

Etiqueta
❏ Nombre Producto ❏ Imagen Producto ❏ Marca elaborador
❏ Imagen Alusiva
❏ Descripción de producto ❏ Ingredientes ❏ Peso (gramos, onzas)
❏ Fecha de Elaboración ❏ Operador ❏ Fecha de consumo preferente
❏ Fecha de Vencimiento ❏ Lote de producción

Indicaciones de:

Conservación
❏ Condiciones temperatura ❏ Cuidado manejo
❏ Transporte ❏ Almacenamiento
❏ Uso ❏ Otra:

Advertencias
❏ Alérgenos ❏ Otros

Datos del elaborador
❏ Empresa ❏ Dirección ❏ Teléfono ❏ Web ❏ Redes sociales

Datos del distribuidor
❏ Empresa ❏ Dirección ❏ Teléfono ❏ Web ❏ Redes sociales

Datos legales
Empresa
❏ Registro ❏ Permiso sanitario ❏ Otros
Producto
❏ Registro ❏ Permiso sanitario ❏ Otros
Composición

❏ Datos nutricionales ❏ Aporte a requerimientos diarios
Otra información

❏ Código de barras ❏ Código QR

❏ Información adicional o complementaria

3. Identidad y cultura de tu negocio

En el mundo del emprendimiento hay un aspecto al que, con frecuencia, no se presta la debida atención en medio de los agitados inicios de un negocio. Se trata de la formación de los rasgos únicos, modos y estilos que determinarán la identidad y la cultura del negocio y que también contribuirán decisivamente al éxito o el fracaso del emprendimiento.

Aunque íntimamente relacionados, identidad y cultura en la práctica pueden tener diversas vías de desarrollo.

Por un lado, es frecuente que solamente se consideren los aspectos relativos al nombre y la imagen. Estos son ciertamente importantes y como tales deben ser tratados. De esta forma se desarrollarán logotipos, colores y diseños que proyectarán tu negocio y le servirán de apelativo en el mercado.

Por otra parte, están los valores compartidos, los modos, maneras y estilos que determinarán la cultura característica del negocio. En otras palabras, el "qué somos" y "como pensamos y actuamos" en este, tu negocio. Esto ocurrirá de todas maneras, sea que los escojas y fomentes su práctica a conciencia, o bien, sea que los dejes surgir naturalmente. Esto último no sería lo recomendable, aunque sea muy común que así ocurra.

Así que, por acción u omisión, la identidad y la cultura de tu negocio serán enteramente tu responsabilidad. De manera que será mejor dedicarle atención y crear una identidad única y efectiva desde el principio del emprendimiento.

La cotidianidad de las empresas está llena de situaciones, muchas de ellas rutinarias y repetitivas. Desde la primera vez que se ejecuten irán dejando una referencia que será repetida, porque "así los hacemos aquí", como una tradición. Tal como hemos dicho, reflejarán tu forma de ver el negocio, la esencia de lo que es y como piensas que debe relacionarse con clientes, empleados, proveedores y sociedad en general.

Consideremos algunas situaciones y como la conducta asumida en cada una de ellas va conformando la identidad de tu negocio:

A. Planificas o improvisas.
B. Cada actividad tiene objetivo, responsables y plazos o solo lanzas ideas al aire y luego reclamas cuando no se cumple la actividad.
C. Trabajas ordenada o desordenadamente.
D. Tu negocio es identificable o eres "la señora del chocolate en esa calle".
E. Haces las tareas detallada y cuidadosamente o al descuido y con prisas.
F. Tratas con respeto a las personas o te excedes, aún en broma.
G. El entrenamiento es parte de tu negocio o dejas a tu personal a su suerte.
H. Engañas a los clientes o actúas con integridad y honestidad.
I. La higiene y seguridad son siempre prioritarias para ti o solo a veces.
J. Das a conocer a todos los valores que aprecias en las personas y en las empresas, los guardas para ti o ni siquiera los consideras importantes.
K. Haces las cosas porque eres el jefe o respetas las reglas establecidas.
L. Haces uso correcto de los equipos y utensilios o abusas de ellos.
M. Evitas el desperdicio en todas sus formas o no te importa que ocurra.
N. Premias el individualismo o el trabajo en equipo.
O. Criticas públicamente o hablas en privado con la persona.

Estas son apenas algunas situaciones que, aunque ocurran solo una vez, quedarán en la "memoria del negocio" y moldearán la conducta futura de los colaboradores que se incorporen. Algunas de ellas pueden afectar a los clientes, a los productos, a las personas, a los materiales y equipos o a las utilidades.

Aún más, a medida que pasa el tiempo, corregir cualquiera de estos hábitos o costumbres es difícil y costoso, si acaso es posible.

De manera tal que en este momento inicial es una oportunidad única y brillante para echar las bases de una sana cultura de tu negocio. No es demasiado pronto para hacerlo y es mucho mejor si no lo dejas al azar.

Es más fácil desde ahora establecer referencias. Para ello puede ser suficiente que te detengas a pensar o planear antes de actuar o decidir. Ya esto sería un gran rasgo de tu negocio. Así, evitarás que la costumbre o la iniciativa de un colaborador, con motivación propia y buenas intenciones, desvíe la idea de negocio que tienes pensado.

De manera tal que debes asumir que la formación de la cultura es parte de tu trabajo desde el principio. Esto significa trabajar en la definición explícita de algunos aspectos. Lo mejor es que puedes hacerlo a medida que progresas en el diseño de tu negocio.

En su conjunto, los elementos relacionados con la identidad y la personalidad de la empresa tienen un reflejo en el mercadeo, puesto que contribuyen a la conformación de la marca, es decir, de los rasgos que diferencian un negocio de los demás en el mercado. La marca tiene aspectos formales y legales, pero, además la construcción de la marca y de su reconocimiento también incluye otros aspectos derivados de la manera como opera la empresa diariamente.

En consecuencia, definiremos la identidad como el conjunto de rasgos e informaciones que individualizan tu negocio. La identificación de tales rasgos permite que todas las personas tengan conciencia de lo qué es y de lo que no es parte de tu iniciativa empresarial. De lo que es correcto y de lo que no lo es. Asimismo, contribuye al desarrollo del sentido de pertenencia.

Una definición clara de la identidad de tu negocio incluirá:

Identidad corporativa: Misión, visión y valores.

Identidad visual: Nombre, imagen, lema, colores y fuentes tipográficas.

Identidad sonora: Estilo de música, tema y voz oficial.

Identidad viva: Uniforme, lenguaje, modos y maneras, y ambientación.

Seguidamente, veamos en detalle cada una.

Identidad corporativa

Misión

Los negocios existen y permanecen, sean grandes o chicos, porque son útiles a la sociedad. Si no es así, por la razón que sea, simplemente el negocio desaparecerá.

Un buen punto de partida para la permanencia del negocio es expresar claramente el papel que jugará en la sociedad y el que será su aporte y, claro está, cumplirlo.

En primer lugar, es importante conocer en cuál negocio estás y cuál es el propósito de tu iniciativa. De inmediato, surgirá la idea del negocio de chocolatería y ofrecer a la sociedad productos de chocolate. Eso está muy bien. Sin embargo, si consideramos que las personas valoran y compran experiencias y soluciones, veremos que el papel que juega nuestra empresa es mucho más que ofrecer sus productos.

Los productos de chocolatería tienen la particularidad de que no solo son deliciosos, sino que también están asociados a momentos especiales, disfrute, vivencias y recuerdos. En pocas palabras, estamos en el negocio de las emociones humanas.

Entonces, tu negocio existirá para ofrecer esas experiencias y para ello, competirá con todos aquellos otros que también ofrezcan emociones. A manera de ilustración, consideremos algunos posibles propósitos de negocios de chocolatería, como los siguientes:

Somos una empresa que...

a) Estimula el disfrute de la vida
b) Mejora el ánimo de las personas
c) Ofrece momentos emocionantes
d) Crea recuerdos inolvidables con chocolates
e) Genera emociones con chocolates
f) Facilita que las personas expresen sus sentimientos y emociones
g) Comunica sentimientos y emociones...

Por supuesto que será válida la frase que puedas crear o, también, cualquier combinación de estas ideas y que expresen la contribución que hará tu negocio a la sociedad a través de productos de chocolate.

En segundo lugar, puedes complementar esta especificación de tu negocio mencionando las diversas actividades generales a través de las cuales cumplirá su propósito.

En ese sentido, entre estas actividades que conforman el quehacer diario podemos mencionar:

Hacer productos de chocolatería... frescos ... deliciosos... novedosos... únicos...
  a) La atención más rápida... más práctica... más amable...
  b) Entrenamiento permanente del personal
  c) Investigamos para desarrollar nuevos productos
  d) Empleamos las mejores prácticas de producción y de servicio a los clientes.

Asimismo, puedes incluir estas u otras ideas que consideres convenientes para comunicar el quehacer diario de la empresa. Preferiblemente, no menciones un producto en particular, pues sería poner límites al negocio.

Visión de futuro

En pocas palabras, la visión de futuro es la meta de largo plazo que persigues. La visión puedes expresarla de muchas maneras. Eso no es lo relevante. Lo importante es que sea clara y tengas una manera de saber si la has logrado. Sin duda que cuando la logres tendrás otra, y luego otra más. Así, puedes querer que tu negocio en cinco, diez o más años, sea el primero o el segundo en ventas, en calidad o en popularidad o, por lo contrario, que tenga la mayor cantidad de puntos de venta, mayor variedad de productos, sea el más exclusivo o el favorito de las celebraciones, entre otras posibilidades. Todo dependerá de tu idea de la empresa en el futuro, incluyendo el sector de negocios o ámbito geográfico o región en la que operará.

Ese futuro será la referencia, la estrella hacia la que navegará tu negocio, y también, será el resultado de las acciones diarias y de muchas decisiones trascendentes. Es más fácil llegar adonde quieres si compartes esa idea claramente y eres el líder que guía a los demás hasta alcanzarla. De esta manera, cada persona que colabore en tu negocio sabrá que su trabajo, no importa cuál sea, es importante para hacer realidad esa visión de futuro.

Valores y principios

En el contexto de este libro, aun cuando tenga otras acepciones, consideraremos valor como una cualidad de una persona, hecho o cosa al que un individuo, grupo o la sociedad, atribuye una estimación, ya sea positiva o negativa. En términos de gestión de negocios, los valores son un conjunto de elementos que modelan la ética, las actuaciones y sustentan la cultura del negocio. Ciertamente, que para los efectos de tu empresa preferiremos valores positivos. Esto se traducirá en aceptación o rechazo por parte de los clientes, empleados, proveedores o la sociedad en general.

Por tanto, los valores son el pavimento del camino hacia el futuro de tu negocio. Ellos facilitan el desplazamiento pues señalan las conductas válidas, evidencian las desviaciones y, entonces, es posible prevenir o corregir a tiempo.

La reflexión acerca de tu iniciativa de negocios, lo que quieras que sea y como esperas que se conduzca te ayudará a definir su conjunto de valores y los de la marca.

A manera de estímulo para la selección, he aquí algunos valores:

Altruismo, Autenticidad, Autocrítica, Buen humor, Educación, Compromiso, Compromiso con la calidad, Comunicación directa y abierta, Conciencia por el Ambiente, Confianza, Creatividad, Desarrollo organizacional, Efectividad, Eficiencia, Empatía, Excelencia, Familiaridad, Flexibilidad, Higiene, Honradez, Innovación, Integridad, Lealtad, Logro, Motivación, Optimismo, Orientación al Cliente, Pasión, Patriotismo, Profesionalismo, Perseverancia, Puntualidad, Respeto, Responsabilidad, Satisfacción, Sinceridad, Trato humano y Trabajo en equipo.

No tienes que elegir un gran número de valores. Lo importante es que aquellos seleccionados sean realmente representativos de lo que aspiras que sea tu negocio y que se reflejen en la conducta diaria de todos los que allí laboren.

La misión, la visión y los valores de tu negocio, más que un interesante ejercicio para el emprendedor, deben ser un instrumento práctico para gestionar tu naciente empresa, pues ellos son el marco para los planes y objetivos.

Identidad Visual

Nombre

La denominación con la que se distinguirá tu negocio. Es el rasgo más inmediato que identifica a la marca. El nombre debe ser original y de buen gusto, aunque puede ser ingenioso y simpático, además deberá estar acorde con el segmento de clientes.

En ese sentido, el nombre puede hacer referencia a personas, lugares geográficos, área de negocios o ingredientes, aunque también puede ser una palabra en otro idioma o una creación de fantasía.

En cualquier caso, es importante cuidar que sea único y que no esté registrado con anterioridad por otra persona, antes de realizar inversiones con esa denominación.

De la misma manera, el nombre en lo posible debe mantener su vigencia a lo largo del tiempo, así que es mejor evitar asociarlo a modas o eventos pasajeros, que después de un tiempo, "envejezcan" a tu negocio prematuramente.

Asimismo, es conveniente que el nombre del negocio sea diferente al nombre del producto. Así quedará claro que el negocio es más que un producto y que podrá tener muchos otros de ellos en el futuro.

Imagen

Una representación gráfica que se asociará a la empresa. Debe ser visible y distinguible, aún en tamaños muy pequeños. La imagen puede estar representada de las siguientes formas:

Logotipo: El nombre en una representación creativa con una tipografía o estilo particular.

Isotipo: Solo una imagen figurativa o abstracta. El estilo empleado, sea clásico, retro, contemporáneo, futurista o en cualquier otro debe estar acorde con la identidad del negocio.

Imagotipo: El nombre y la imagen combinados. En este caso aún pueden ser utilizados por separados e identifican a la marca.

Isologo: Una representación con una imagen que incluye el nombre de la empresa en un todo indivisible. Si se separan pierde todo sentido.

La imagen del negocio es uno de los elementos constituyentes de la marca y como tal puede ser registrado y protegido como propiedad industrial. Por lo que es bueno asegurarse de la originalidad de tu diseño para evitar costosos reclamos por parte de algún eventual propietario.

Lema

Un frase o expresión, usualmente ingeniosa, que expresa una promesa o afirma la condición de la empresa. El lema debe ser sencillo, directo, fácil de recordar y de asociar a la marca. Se sugiere que estas expresiones sean registradas para que su uso esté limitado a sus propietarios o solamente a aquellos autorizados. Por lo tanto, antes de realizar inversiones utilizando un lema, es muy conveniente asegurarse de que ya no pertenezca a alguien.

Colores

Una paleta, o conjunto, de colores asociada a la imagen del negocio permitirá reforzar su personalidad. En ocasiones, la paleta de colores está relacionada con el ramo de negocio, ingredientes o materiales, o incluso a la cultura o geografía de la zona. Los colores estarán presentes en la imagen, en el lema o en los textos, además de los locales, empaques y redes sociales.

Fuentes tipográficas

El tipo y estilo de las letras que se emplearán en los textos y comunicaciones debe ser seleccionado para que haga juego con los demás elementos de la identidad. Su uso será amplio en carteles, habladores, web, comunicaciones formales, redes sociales y avisos, entre otros. De manera que puede llegar a ser un rasgo tan característico que, por sí mismo, evoca al negocio y lo identifica.

Identidad sonora

Una secuencia de sonidos asociados a la empresa y que la identifica. Esta melodía, jingle o tema puede ser compuesta especialmente para el negocio o, por el contrario, puede ser una composición ya existente. En este último caso, es necesario contar con las autorizaciones o pagar los debidos derechos por el uso de la creación artística. En ocasiones, una voz característica es la que identifica a la empresa en promociones.

De igual manera, la música ambiental contribuye a la experiencia del cliente. Por tanto, es necesario definir un estilo musical acorde con el segmento de mercado, y no dejarlo al azar o a la moda, voluntad o gusto de otras personas.

Identidad viva

En este apartado consideraremos los elementos que intervienen en la interacción del cliente con las personas y el entorno del negocio. En particular, trataremos el estilo, el lenguaje y los modales del personal, el uniforme y la ambientación del local, entre los factores que dan forma a la experiencia del cliente.

Uniforme

El personal vestido con uniforme de la empresa muchas veces es la primera impresión del cliente, aun fuera del negocio. El uniforme, además, refuerza el compromiso, el sentido de unidad y de pertenencia en el personal.

Un uniforme de acuerdo a las posibilidades, pero de buen gusto y sobriedad, siempre limpio y sin roturas. Puede ser tan sencillo como un mandil o delantal, o una polo, playera o franela, o también una camisa, acompañados, o no, por un gorro. Eso sí, todos identificados con la imagen y nombre bordados, serigrafiados o inicialmente, quizás solo con un sencillo carné de identificación.

Asimismo, es un orgullo para el emprendedor vestir con el uniforme de su negocio.

Lenguaje, modos y modales

Un negocio también es reconocido por el comportamiento de su personal. El cliente valora en ellos que sepan perfectamente qué es el negocio, para qué están allí, qué deben hacer y cómo hacerlo. Por tanto, dar el ejemplo con la práctica coherente de los principios y valores de la marca e instruir, sin descanso, es una buena manera de cimentar la cultura de tu negocio y, sin duda, sustentar la marca en la mente de los clientes.

Esto se pondrá de manifiesto en todos los momentos de contacto entre un cliente y el negocio. Jan Carlzon los llama "Momentos de la verdad".

Entre los aspectos importantes de estos momentos tenemos: el trato de ¿Tú o de usted?, el lenguaje formal o informal, el tono de voz, mirar a los ojos, el contenido del discurso oral y gestual y el procedimiento de atención a los clientes tanto para una venta o para atender una pregunta o un reclamo, en cualquier modalidad que ocurra ya sea, en persona, por teléfono, correo electrónico o redes sociales.

Asimismo, es importante cuidar la motivación y la moral alta del personal, ya que ellos son las personas que atenderán las necesidades de los clientes y deben poder brindarles ayuda y soluciones de la mejor manera. Te presentamos algunas de las posibilidades para que elijas el diseño del estilo: Formal/informal, planeado/improvisado, casual/elegante, rápido/pausado, alegre/sobrio, aunque es recomendable que siempre sea inteligente, práctico, profesional, respetuoso, amable y servicial.

Bien definidos lenguaje, modos y modales sustentarán la preferencia de los clientes. En se sentido es fundamental la noción del equipo y sentido de pertenencia de los colaboradores.

Una tendencia reciente es la de enunciar, publicar y compartir un manifiesto de la cultura en el que se recojan los principales elementos de la forma como actuamos y trabajamos en el día a día en tu negocio.

Ambientación

Sabemos que los clientes compran mucho más que productos exquisitos. Realmente, compran experiencias. Eso quiere decir que además del producto, sus aromas, colores, sabores y texturas, también valoran el empaque y las emociones que les produce el momento. Y que tu marca acompañe esos instantes es algo que no tiene precio.

Si se trata de una tienda el cliente vivirá la experiencia de sumergirse en la atmósfera de tu negocio. Esta es el resultado de la atención, el lugar, la decoración, los colores, los aromas, la limpieza e higiene, la información, la disposición física, la marca, el ambiente musical y la temperatura que conforman un todo que el cliente recordará con agrado y lo hará regresar.

En ese sentido, el ambiente del negocio será integrado también por su identidad visual presente en los empaques, en espacios físicos o tiendas, en habladores o pizarras, tarjetas de presentación, correspondencias, facturas y recibos, en las páginas de internet, redes sociales y en los uniformes de su personal.

Aunque podrías pensar que eso es muy costoso y, por tanto, reservado para grandes inversiones, usualmente el ingenio y el buen gusto pueden ser grandes aliados para crear un gran ambiente sin invertir más allá de las posibilidades. Hoy día es posible reproducir avisos, pendones, etiquetas, pegatinas y otros materiales impresos de forma relativamente económica, de manera que no requieres mucho dinero para su producción por unidades o docenas. Así que puedes probar desde un principio la identificación de tus productos, la decoración del local o los empaques con tu marca.

Además, el ambiente de tu negocio puede incluir una musicalización acorde a la identidad sonora del negocio y, desde luego, que incluye la melodía que lo identifique.

De igual forma, la presencia en internet y redes sociales puede mostrar la personalidad y estilo de tu negocio con multitud de recursos accesibles, muchísimos de ellos de manera gratuita.

En síntesis, prestar la debida atención al desarrollo de la identidad de tu negocio, gradualmente, pero sin pausa, se constituye en una de las actividades más necesarias y efectivas para su presente y futuro.

La identidad de tu negocio tendrá las siguientes ventajas:

A. Facilitará la sintonía de tu negocio con el segmento de clientes escogido.

B. Servirá de promoción permanente.

C. Diferenciará a tu negocio de los demás en el mercado.

D. Ayudará a comunicar a colaboradores y aliados lo que eres, lo que deseas hacer y el modo como lo lograrás.

Sobre esta base se desarrollará la cultura de tu negocio, es decir, las ideas, principios y modos que compartirán todas las personas que en algún momento sean colaboradores o parte de él.

Una sugerencia adicional es que acudas al apoyo de profesionales en el área de la creación de la identidad corporativa. Mejor si ya tienes muy claro lo que deseas.

Finalmente, no importa si estás emprendiendo en tu casa, en un local o en redes sociales, es importante crear y reforzar, en el día a día, la identidad y la cultura de tu negocio.

Ejercicio 3
Define la identidad de tu negocio

Te planteamos a continuación un ejercicio inspirador para que explores entre varios miles de posibilidades la que sería la identidad de tu negocio. En cada segmento, puedes escoger tantas opciones como desees o agregar lo que creas conveniente. Esto te ayudará a comunicar tus ideas a los diseñadores y comunicadores.

En www.danielrojasrivero.com podrás descargar las plantillas para completar el ejercicio.

Misión de tu negocio en la sociedad
Tu negocio es...
❏ Taller de chocolatería ❏ Tienda de chocolatería
❏ Cadena de tiendas de chocolatería ❏ Café-Pastelería
❏ Fábrica de productos de chocolate ❏ Empresa del ramo de chocolatería
❏ Marca de productos de chocolate ❏ Otra:

...que ofrece a la sociedad/su segmento de clientes...
❏ Chocolates ❏ Dulces ❏ Felicidad ❏ Experiencias ❏ Emociones
❏ Momentos ❏ Recuerdos ❏ Satisfacciones ❏ Ánimo ❏ Halagos
❏ Celebraciones ❏ Pasión por el chocolate
❏ Otra: ❏ Ninguna

En el momento de...
❏ Degustar ❏ Compartir ❏ Obsequiar ❏ Ofrecer ❏ Comunicar
❏ Complacer ❏ Agradecer ❏ Premiar ❏ Sentir
❏ Otra: ❏ Ninguno

Nuestros productos/con nuestros productos:
Diferentes por:
❏ Sabores ❏ Colores ❏ Ingredientes ❏ Formas ❏ Tamaños
❏ Empaque ❏ Calidad ❏ Facilidad de manejo ❏ Duración
❏ Relación precio/valor ❏ Lujo ❏ Dietas especiales
❏ Variedad ❏ Presencia en el mercado ❏ Higiene ❏ Frescura
❏ Otro: ❏ Ninguna

Y sus servicios...
- ❏ Atención a clientes ❏ Envío y entrega ❏ Opciones de pago
- ❏ Facilidad de compra ❏ Comunidad de clientes
- ❏ Distribución en el mercado
- ❏ Otro

Por su:
- ❏ Imagen ❏ Personal ❏ Organización
- ❏ Gestión ❏ Higiene y limpieza
- ❏ Otra: ❏ Ninguna

Con un proceso productivo
- ❏ Artesanal ❏ Industrial

En nuestro proceso productivo empleamos
- ❏ Mejores prácticas de trabajo ❏ Mejora continua de procesos ❏Ninguna

y ...
- ❏ Talentos capacitados ❏ Entrenamiento - Aprendizaje
- ❏ Tecnología ❏ Equipos ❏ Otro: ❏ Ninguno

Hacemos innovación en:
- ❏ Productos ❏ Procesos ❏ Servicios
- ❏ Organización ❏ Otros ❏ Ninguno

La visión de futuro de tu negocio
En ...
- ❏ Cinco años ❏ Diez años ❏ Quince años ❏ Veinte años

La empresa será ...
- ❏ Favorita ❏ Mejor ❏ Más grande ❏ Número uno
- ❏ Segunda ❏ Líder ❏ Seguidora ❏ Ninguna
- ❏ Otro

por su:
- ❏ Popularidad ❏ Excelencia ❏ Calidad de productos
- ❏ Calidad de Servicios ❏ Relación Precio/Valor
- ❏ Reconocimiento de Marca ❏ Variedad de productos
- ❏ Número de Puntos de Venta ❏ Ritmo de crecimiento de puntos de Venta

- ❏ Volumen de Ventas en unidades
- ❏ Volumen de Ventas en moneda nacional
- ❏ Rentabilidad ❏ Número de Empleados ❏ Otro

Ámbito comercial/geográfico:
Entre/en
- ❏ Chocolaterías ❏ Calle ❏ Barrio ❏ Zona de la ciudad
- ❏ Centros comerciales ❏ Cafés/Restaurantes
- ❏ A domicilio ❏ Eventos/Celebraciones ❏ Ciudad
- ❏ Estado/Provincia/Departamento ❏ Nacional ❏ Internacional

Valores
En tu negocio creen firmemente y practican...
- ❏ Altruismo/Responsabilidad social ❏ Autenticidad ❏ Autocrítica
- ❏ Buen humor ❏ Capacitación continua/ Educación ❏ Aptitud
- ❏ Compromiso ❏ Comunicación directa y abierta
- ❏ Conciencia por el Ambiente ❏ Confiabilidad/ Confianza
- ❏ Consistencia ❏ Constancia/Perseverancia ❏ Creatividad/Innovación
- ❏ Cumplimiento/Puntualidad ❏ Desarrollo organizacional
- ❏ Eficiencia/Efectividad ❏ Empatía/Humanismo/ Compasión
- ❏ Excelencia ❏ Trato humano/Calidez Humana
- ❏ Familia/Familiaridad ❏ Flexibilidad
- ❏ Honradez/Sinceridad ❏ Identidad ❏ Integridad ❏ Lealtad
- ❏ Motivación/Optimismo
- ❏ Orientación al Cliente/ Compromiso con la calidad
- ❏ Orientación hacia resultados ❏ Pasión ❏ Patriotismo
- ❏ Profesionalismo ❏ Respeto ❏ Responsabilidad ❏ Servicio
- ❏ Trabajo en equipo

Nombre de tu negocio:
- ❏ Nombre propio ❏ Nombre propio y ramo
- ❏ Nombre de persona, o combinación
- ❏ Referencia al ramo/proceso del ramo
- ❏ Referencia a un ingrediente o combinación de ellos
- ❏ Referencia a geografía, fauna o flora
- ❏ Referencia a la historia y cultura regional o nacional
- ❏ Nombre de fantasía ❏ Nombre en otro idioma ❏ Otro:

Nombre de tu producto. Preferiblemente diferente al nombre del negocio.
❏ Nombre de persona o combinación
❏ Referencia al ramo/Proceso del ramo
❏ Referencia a ingrediente(s) o combinación de ellos
❏ Referencia a geografía, fauna o flora
❏ Referencia a la historia y cultura regional o nacional
❏ Nombre de fantasía ❏ Nombre en otro idioma   ❏ Otro:

Identidad visual:

Textual
❏ Nombre ❏ Lema ❏ Otro

Imagen
❏ Abstracta
Figurativa
❏ Persona ❏ Chocolate ❏ Paisaje ❏ Objeto
❏ Animal ❏ Vegetal ❏ Otra

Estilo de imagen
❏ Clásica ❏ Retro ❏ Contemporánea
❏ Futurista ❏ Otra

Representación gráfica
❏ Logotipo ❏ Isotipo ❏ Imagotipo ❏ Isologo

Formato de identidad visual
❏ Redondo ❏ Cuadrado ❏ Rectangular ❏ Ovalado
❏ Triangular ❏ Otra

Paleta de Colores
Vivos
❏ Rojo ❏ Naranja ❏ Ámbar ❏ Amarillo ❏ Verde Limón
❏ Verde Puro ❏ Cian ❏ Azul ❏ Violeta ❏ Magenta
❏ Fucsia ❏ Otro:
Oscuros
❏ Granate ❏ Marrón ❏ Oliva ❏ Esmeralda
❏ Azules oscuros ❏ Morado ❏ Vino ❏ Otro

Tierra
- ❏ Lacre ❏ Canela ❏ Dorado ❏ Verde Manzana ❏ Turquesa
- ❏ Azul acero ❏ Amatista ❏ Otro:

Pasteles
- ❏ Salmón ❏ Melón ❏ Crema ❏ Menta
- ❏ Celeste ❏ Lavanda ❏ Rosado ❏ Otro

Neutros
- ❏ Blanco ❏ Plateado ❏ Gris ❏ Plomo
- ❏ Negro ❏ Otro:

Uniformes/Indumentaria
Delantal/Mandil
- ❏ Peto ❏ Largo ❏ Corto ❏ Bolsillos

- ❏ Gorro ❏ Gorra ❏ Paño
- ❏ Filipina ❏ Camisa ❏ Polo, playera, franela.
- ❏ Pantalón sin bolsillos ❏ Pantalón con bolsillos
- ❏ Vestido ❏ Falda ❏ Calzado ❏ Medias
- ❏ Carné ❏ Otro:

Atención
Estilo, lenguaje y maneras
- ❏ Inteligente ❏ Fresco ❏ Profesional ❏ Ordenado ❏ Formal
- ❏ Informal ❏ Casual ❏ Elegante ❏ Respetuoso ❏ Simpático
- ❏ Amable ❏ Servicial ❏ Rápido ❏ Pausado ❏ Alegre ❏ Sobrio
- ❏ Cuidadoso ❏ Otro:

❏ Manifiesto de la cultura de tu negocio

4. Canales de promoción y venta

En este punto ya sabemos quiénes son los potenciales clientes, tenemos uno, o más, productos y una identidad que proyectar. Ahora bien, necesitamos hacer varias cosas para que nuestros potenciales clientes sepan que nuestros productos existen, los prueben, evalúen y, también, que conozcan cómo y dónde pueden comprarlos regularmente. Para ello, vamos a organizar actividades e información para los clientes acerca de los siguientes elementos:

A. El producto y sus características.

B. Oportunidades de prueba y evaluación del producto.

C. Lugares de venta y condiciones de compra.

D. Condiciones de entrega del producto.

E. Garantías y servicios de información, asistencia y apoyo al cliente.

Ahora bien, en esas tareas que tenemos por delante vamos a usar dos caminos para llegar hasta los clientes: Canales de promoción. y Canales de distribución y ventas. A continuación, los consideraremos detalladamente.

Canales de Promoción

Son las vías a través de las cuales divulgaremos la existencia de nuestro negocio, de nuestros productos, sus características y beneficios. El uso de los canales de promoción tiene como objetivo conectar con el segmento de clientes seleccionado.

La tarea de escoger los canales de promoción se inicia al conocer las características de los clientes a quienes se dirigirán los mensajes. Las opciones para ello son amplias y van desde tarjetas de presentación, volantes, afiches, uso de redes sociales, internet o la presencia en eventos y ferias, hasta los clásicos avisos en prensa, radio o vallas en el medio exterior.

Una de las ventajas de hoy es que, gracias a las tecnologías de comunicación, esta es una actividad al alcance de las iniciativas más pequeñas. Claro está, si cuentan con estrategias adecuadas y una buena dosis de creatividad e ingenio.

La efectividad de los canales de promoción depende, fundamentalmente, de dos elementos:

I. Canales de promoción correctos, es decir, debemos emplear aquellos que utiliza regularmente nuestro segmento de clientes para informarse o entretenerse. Si no acertamos en los canales, estaremos hablando ante un auditorio vacío y desperdiciaremos tiempo y dinero.

II. El lenguaje, contenido y estilo empleados en el mensaje de promoción deben estar acordes con nuestro segmento de clientes.

Entre los canales de promoción vamos a considerar tres principales: la promoción de ventas, la publicidad y las relaciones públicas.

Promoción de ventas

A la hora de la introducción de tu producto o negocio, existe una gama de opciones que puedes emplear para estimular a los clientes a probar tu propuesta. Entre ellas se cuentan: muestras, cupones, descuentos, artículos agregados, combos de productos, concursos, rifas, degustaciones y demostraciones.

Muestras

Una porción de producto gratuita para que sea probada, por el cliente potencial. En ocasiones, la degustación de la muestra puede ocurrir con posterioridad a su entrega, lo cual puede ser útil para dar a conocer el producto, pero sin que lleguemos a conocer la opinión de la persona. La muestra puede ir acompañada de una encuesta o de información en material de promoción.

Cupones

Una modalidad para invitar a que los clientes potenciales visiten una tienda a cambio de un obsequio. Asimismo, tu negocio de chocolatería puede ofrecer cupones en una tienda aliada (librería, floristería, joyería u otras) para atraer flujo de clientes.

Descuentos

Una de las opciones tradicionales en algunos sectores de negocios. Sin embargo, hoy día hay quienes consideran que se atenta contra el valor del producto al ofrecerlo con descuento, sobre todo si vendes un solo tipo de producto. Además de que se pueden crear conflictos con los clientes que han pagado el precio completo.

Artículos agregados

Un obsequio que acompaña a determinada compra permite dar a conocer un nuevo producto. En este caso, ambos productos deben corresponder con el mismo segmento de mercado. En la fase promocional, el agregado puede ser un obsequio publicitario que ayude a fijar la marca o producto al prolongar su permanencia más allá del consumo. Por ejemplo, un bolígrafo o un llavero.

Combos de productos

Una modalidad relativamente reciente y que ha probado su efectividad para mover la facturación y rotar inventarios. Se ofrece un grupo de productos a un precio menor que la suma de todos sus precios individuales. De esta manera, no se afecta el valor percibido de cada producto porque individualmente se siguen ofreciendo a su precio habitual, sin descuentos ni rebajas.

El combo es muy útil para ofrecer productos y sus complementos, como sería el caso de pasteles y bebida o galletas de chocolate y café.

Concursos/Rifas

Esta opción es tradicional y ha sido reservada durante mucho tiempo a premios no perecederos y a grandes empresas. Se puede optar al premio al demostrar destrezas, conocimientos, cumplir algunas condiciones o por sorteo. En la actualidad, ha sido revitalizada con la presencia de servicios de entrega, nacionales o locales y, por la difusión de redes sociales se han convertido en un medio para dar a conocer la marca, los productos y ganar seguidores.

Degustaciones

Brindan la posibilidad de probar el producto a clientes potenciales. Se realizan en lugares con tráfico de personas o durante eventos. Generalmente, son gratuitas, aunque, en ocasiones puede ofrecerse para un cliente en particular en cuyo caso es posible que tenga un costo.

Demostraciones

Esta modalidad permite presentar aspectos de la elaboración o el uso de nuestro producto al segmento de mercado. Regularmente, se realizan en el marco de eventos, campañas publicitarias o, bien, en programas de televisión.

En todos los casos, es necesario tener presente que la promoción debe ser dirigida al segmento de mercado objetivo de tu negocio. De otra forma serán pocos los clientes potenciales que, efectivamente, hagan compras.

Publicidad

Boca a boca

La experiencia con tus productos y servicios se convierte en factor multiplicador del mensaje. Este medio económico y comprometedor con los clientes, no está exento de riesgos, pues las experiencias negativas son difundidas a gran velocidad.

Material POP (Point of Purchase o Punto de Venta)

Son objetos con la imagen y mensajes publicitarios de la empresa. Usualmente se distribuyen en tiendas y eventos. El atractivo del objeto y el deseo de conservarlo dan permanencia al mensaje. Hay gran variedad, entre ellos, marca libros, llaveros, rompecabezas, calendarios, bolsas y bolígrafos.

Prensa

Periódicos o revistas de alcance regional o nacional. La prensa ha perdido penetración en las nuevas generaciones y, en la actualidad, tiende a la especialización y a nichos de mercado específicos. Usualmente, el perfil de clientes es conocido. Los costos por publicación son proporcionales a la visibilidad del aviso y el mensaje apenas dura un día en caso de los diarios, mientras que en las revistas tiene mayor duración.

Radio

Medio tradicional de difusión de entretenimiento, deportes y noticias. Auditorio masivo. Diferencias importantes en audiencia entre las emisoras de frecuencia modulada (FM), que tienen menor alcance, mayor calidad y las de amplitud modulada (AM) con más alcance y menor calidad de sonido. En general, la radio tiene gran penetración en el segmento de conductores. El mensaje radiado debe ser repetido varios días en diversos horarios para llegar a la mayor audiencia posible.

En la actualidad, las emisoras se han especializado en temas o audiencias por edad o gustos. Por su parte, Internet ofrece la posibilidad de radio en línea, lo que ha producido una dispersión de la oferta, sin embargo, los servicios de música en línea ganan cada día más mercado y se convierten en opciones para difundir publicidad.

Televisión

Medio audiovisual, muy poderoso y costoso tanto por la producción de los mensajes publicitarios como por su emisión. La efectividad del mensaje televisado depende de su repetición y la sintonía con el perfil de audiencia y alcance geográfico. Hay canales locales, nacionales e internacionales.

Por su parte, los operadores del servicio por suscripción han dado una nueva dimensión como medio publicitario al combinar señales de emisoras internacionales con mensajes publicitarios locales. Recientemente, muy competido por la propia tv ofrecida a la carta por Internet, conocida como *streaming*.

Medio exterior

Publicidad con contenidos e imágenes impresos o proyectados en lugares de gran visibilidad para las personas del segmento de interés. Entre otros, tenemos: pancartas, avisos, carteles, mantas, vallas, conocidas como espectaculares en algunos países y transporte público tanto en sus paradas, costados externos o interior de las unidades, así como las proyecciones realizadas en paredes o pantallas. Desde luego, aquí cabe el clásico aviso en la puerta de casa que anuncia la venta de nuestro producto.

Internet

La red de redes que posibilita el acceso y el intercambio de ideas y contenidos multimedios de manera fácil y económica, sin límites geográficos. Sea una cuenta de correo electrónico, una página oficial con un dominio URL propio, tal como: www.tunegocio.com, o en una red social, podrás difundir las características y bondades de tus productos y servicios, los mecanismos de compra y de contacto, entre otras cosas, con uso de medios sencillos o múltiples: textos, audios y vídeos.

Redes sociales

Las muy populares redes sociales, Instagram®, Facebook®, Twitter® o YouTube®, entre otras, ofrecen la oportunidad de una interacción directa e inmediata al ser accedidas desde los teléfonos inteligentes. Las redes sociales han venido a multiplicar el alcance del tradicional boca a boca del barrio o la calle.

Además, la versatilidad para la publicación de contenidos textuales, imágenes o audiovisuales y la facilidad de su creación representan una base accesible para promocionar tu negocio. Indudablemente que esto dependerá del perfil de tu segmento de clientes.

En ese sentido las redes sociales permiten la segmentación de la audiencia tanto geográfica como socialmente, lo que es aún más importante si tienes claro quiénes son tus clientes y dónde están, los mensajes llegarán efectivamente a cada uno de ellos. De manera que comparativamente, las redes sociales ofrecen una ventajosa relación de costo/beneficio frente a otras opciones.

Asimismo, si tus fines son los de promocionar tu negocio y sus productos, es importante destacar que más que un gran número de seguidores, el esfuerzo debe ser para obtener seguidores correctos del perfil de tu negocio en la red.

Sea en la web de tu negocio o en sus redes sociales, la promoción es mejor valorada si está acompañada por contenidos de interés para tu audiencia.

Las redes sociales, con su velocidad vertiginosa, pueden propagar viralmente información errónea no siempre fácil de revertir. Por tanto, lo mejor es hacer un uso cuidadoso de los mensajes a fin de evitar inconvenientes. Algunas iniciativas de negocios contratan a un gerente de comunidades (*Community Manager, CM*). Esto es válido porque quizás no entiendas de tecnología, pero lo que sí es tu responsabilidad es comunicar al CM, por escrito, los objetivos, el estilo y la orientación de los mensajes que deseas difundir en las redes, de acuerdo con la identidad y cultura de tu negocio.

Impresión por demanda

El material impreso como canal de promoción tradicional, antes reservado a grandes inversiones, ha sido renovado por la tecnología. Hoy, los emprendimientos pueden crear material promocional impreso de calidad profesional, a bajo costo y en tirajes que van desde solo uno, o pocos ejemplares, hasta millares de ellos. A la medida de tus necesidades.

Relaciones públicas

Dar a conocer tu negocio en la comunidad como miembro activo de la sociedad y no solo como iniciativa comercial, es otra de las vías que puedes utilizar para sea aceptado y reconocido. Además, pondrás en práctica los valores de tu iniciativa de negocios.

Entre los instrumentos y actividades para lograr este fin están:

Comunicados de prensa

A través de ellos, tu empresa fija posición ante una situación, problema o preocupación común. Es deseable que sea expresada con apego a los principios y valores, ponderación y conciencia de las consecuencias de lo que se afirme.

Patrocinio o auspicio de eventos

La contribución para la realización de eventos organizados por terceros, sean estos con fines de lucro o sin ellos.

Donativos

La generosidad para ayudar a personas, organizaciones o eventos con fines altruistas, ya sea que obsequies productos, el tiempo del personal o ambos, de esta manera tu empresa se hará presente.

Relaciones con la comunidad

La inserción de tu negocio en su contexto social inmediato va a ser muy importante, puesto que eso permitirá identificar a miembros de la comunidad, proveedores, aliados y otros futuros relacionados.

Publicaciones propias

Sean impresas, a través de internet o redes sociales, el tratamiento de temas de interés común se convierte en un vehículo de vinculación de la empresa con la comunidad.

Responsabilidad social

Que tu empresa asuma un proyecto, papel o contribución como parte de su actividad cotidiana. En algunos países es una obligación legal.

Organización de eventos

La realización por propia iniciativa de actividades acerca de un tema, relacionado o no, con los productos o los servicios.

La modalidad y alcance del evento, sea feria, verbena, exposición, conferencia o seminario, dependerá de los objetivos, los recursos disponibles y las alianzas que lo hagan posible. La responsabilidad de organización involucra directamente a tu marca, de manera que debes asegurarte de que todo resulte a la perfección para satisfacción de todos los involucrados.

Canales de Venta

Los canales de venta son las vías a través de las cuales los clientes podrán adquirir nuestros productos.

Hay una gran variedad de opciones a través de las cuales puedes vender tus productos y servicios, cada una va a ser útil en determinadas ocasiones y para ello requerirá de recursos, tecnología y, también, de la participación de personas o empresas.

Hogar

El canal más sencillo para vender tus productos a los marchantes o vecinos, en la puerta o la ventana de tu casa. Sin embargo, si la consideras como un negocio en toda la extensión de la palabra desde el principio puede ser una opción que te proporcione grandes beneficios. Además, de constituirse en la base para el desarrollo y crecimiento de una empresa.

Si vas a vender en tu casa deberás tomar en cuenta lo siguiente:

A. Puedes vender productos individuales, piezas completas o porciones.

B. Requerirás de insumos para empacar los productos vendidos.

C. El precio de venta es tu decisión, pero debes considerar el segmento de clientes.

D. Muy baja/baja inversión inicial. Bajo requerimiento de capital de trabajo.

E. Posiblemente la municipalidad o ayuntamiento tenga establecidas algunas normas respecto al funcionamiento de tu negocio en el hogar.

Ambulante

En esta opción, uno o más vendedores, o revendedores, pregonan tus productos en las zonas más concurridas. La necesidad de una marca o símbolo para identificación de los vendedores y de los productos, surge espontáneamente.

Entre los aspectos que debes considerar, tenemos:

A. Esta modalidad requiere de permiso o tolerancia por la municipalidad.

B. Productos individuales o para ser divididos, empacados y listos para su consumo.

C. Contratación, entrenamiento y supervisión de los vendedores.

D. El precio de venta es tu decisión, pero considera el segmento de clientes.

E. Baja/Media inversión inicial. Bajo requerimiento de capital de trabajo.

F. Organización de la producción, gestión y control de las ventas, por zonas y productos, criterios para la gestión de devoluciones y remuneración de vendedores.

G. Uso de materiales descartables y utensilios para el manejo higiénico y seguro de los productos.

Teléfono/Internet/Redes Sociales (También conocido como *pick-up*)

Los pedidos son tomados a través de la comunicación directa con tu negocio para ser retirados en su sede o local.

Entre los aspectos que atender, se cuentan los siguientes:

A. Pueden ser productos listos para llevar o que deban ser elaborados a partir del pedido.

B. Embalaje para el manejo y traslado en condiciones higiénicas y seguras.

C. Uso de materiales consumibles para la venta.

D. Muy baja/Baja inversión inicial. Bajo requerimiento de capital de trabajo.

E. El precio de venta es tu decisión, pero considera el segmento de clientes.

F. Requiere de organización para la coordinación de ventas, producción, cobranzas y de entrega, si fuera el caso.

G. En caso de uso de redes sociales, se puede dar valor gratuito adicional enviando imágenes del producto en su elaboración o acabado final.

A domicilio (también conocido como *delivery*)

Desde el propio punto de producción, sea tu casa o un local, realizas las ventas y los envíos, por tu cuenta o través de un tercero, a hogares, oficinas o salones de fiesta.

Entre los aspectos que debes atender están:

A. Los productos pueden ser individuales, por docenas o kilogramos, o bien piezas completas de postres.

B. Los pedidos pueden ser tomados en tu casa, personalmente, por teléfono o redes sociales.

C. El precio de venta es tu decisión, pero considera el segmento de clientes.

D. Baja/media inversión inicial. Bajo/medio requerimiento de capital de trabajo.

E. Empaques y embalajes para el manejo higiénico y seguro de los productos.

F. Se requiere la organización y gestión de las ventas, las cobranzas y el pago del servicio de entrega, si fuera el caso.

Organizadores de eventos

Este canal incluiremos a todas las personas o empresas que se dedican a prestar sus servicios de planificación, organización y gestión de eventos para sus clientes. Por tanto, a través de ellos, los usuarios finales tendrán acceso a tus productos.

Entre los organizadores de eventos se encuentran los salones de fiesta, hoteles, agencias de festejos, *party planners* y también algunas dependencias de relaciones públicas en corporaciones empresariales.

Al vender a organizadores de eventos debes considerar:

A. Que los productos pueden ser individuales, por docenas o kilogramos, o bien, piezas completas de postres.

B. Baja/media inversión inicial. Bajo/medio requerimiento de capital de trabajo.

C. El precio de venta lo determina tu negocio.

D. Se requerirá de embalaje para el manejo y traslado higiénico y seguro de los productos.

E. Puede ser requerido un servicio de entrega.

F. Desde el punto de vista de organización se requiere la coordinación entre ventas, producción y envío, así como también las empresas posiblemente requieran emisión de facturas legales, entonces deberás cumplir las formalidades necesarias para que el negocio pueda operar en esta modalidad.

Café/Restaurante

En este canal incluiremos a aquellos Cafés o Restaurantes que atienden el segmento de clientes de tu negocio.

Al vender tus productos, estos establecimientos agregan el valor del servicio en la mesa o barra. Esto es, que el cliente recibe atención personalizada y los productos son servidos en recipientes individuales. Además, deben mantener refrigerados o protegidos los productos hasta su venta.

Vender a estos establecimientos implica:

A. Acuerdo con el propietario del Café o Restaurante. Entre otros aspectos, acordar: Estimación de volúmenes, plazos de entrega, condiciones de pago y devoluciones. Considerar todas las obligaciones y derechos de las partes.

B. Los productos pueden ser piezas individuales o para ser fraccionadas.

C. Precio final del producto lo fija el Café o Restaurante.

D. Baja/Media inversión inicial. Medio requerimiento de capital de trabajo.

E. Organización para la administración, gestión y control de producción y ventas. Quizás haya que considerar devoluciones. Posiblemente debas formalizar el negocio para su operación en esta modalidad.

F. Traslado regular de productos y consumibles hasta el punto de venta.

G. Embalaje para el manejo y traslado en condiciones higiénicas y seguras.

Rincón (también conocido como córner o *corner*)

Esta denominación identifica un punto de venta de tu negocio dentro de la tienda de un tercero. Es decir, contarás con un espacio para la exhibición y venta de tus productos. En algunos casos, hasta se podrían producir.

En este caso, aunque en pequeño, ya entramos en el terreno de un negocio propio fuera de nuestro hogar o lugar de producción. Vender en un córner presenta diversas implicaciones, entre ellas:

A. Acuerdo contractual con el propietario de la tienda. El pago puede ser un monto fijo de renta, una porción de las ventas o una mezcla de ambas.

B. Variedad de productos en piezas individuales o para ser fraccionadas.

C. El precio de venta es tu decisión, pero considera el segmento de clientes.

D. Media/Media alta inversión inicial. Medio requerimiento de capital de trabajo.

E. Personal de atención al público, su entrenamiento y supervisión.

F. Organización para la administración, gestión y control de producción, promoción y ventas. Quizás debas formalizar el negocio para operar de este modo.

G. Traslado regular de productos y consumibles hasta el punto de venta. Posiblemente haya que manejar devoluciones de productos.

H. Embalaje para el manejo y traslado en condiciones higiénicas y seguras.

I. Materiales consumibles para el proceso de venta.

Tienda propia

Ahora sí, tu propia tienda. Allí podrías vender solamente o combinar la producción y la venta en un solo lugar. Tiene enormes ventajas y también múltiples obligaciones que es indispensable conocer y gestionar.

Veamos algunos aspectos importantes que deberás considerar:

A. Formalizar la empresa y gestionar licencias de funcionamiento ante ayuntamiento o municipalidad. Obligación de tasas e impuestos. Acuerdo contractual con el propietario del local según la naturaleza del contrato acordado.

B. Equipos, mobiliario y decoración necesarios. Aviso del negocio.

C. Variedad de productos, en forma de piezas individuales o para ser divididas.

D. El precio de venta lo determina tu negocio, de acuerdo al segmento de clientes.

E. Alta/Muy alta inversión inicial. Medio/alto requerimiento de capital de trabajo.

F. En caso de que se trate de solo punto de venta: embalaje para el manejo y traslado en condiciones higiénicas y seguras

G. Personal de atención al público, su entrenamiento y supervisión de personal.

H. Organización para la administración, gestión y control de producción, promoción, ventas y pagos.

I. En caso de que solo se trate de un punto de venta: Traslado regular de productos y consumibles hasta el punto de venta. Posible manejo de devoluciones.

J. Disponer de materiales consumibles necesarios para la venta.

Detallistas (Tiendas de terceros, también conocido como *retail*)

El canal de ventas al detalle o menudeo se refiere a tiendas o negocios de terceras personas que venden a nuestro segmento de clientes. Usualmente venden los productos para ser consumidos en otro lugar o sobre la marcha.

Entre estas tiendas podemos contar: dulcerías, panaderías, teatros, cines, kioscos y tiendas de conveniencia.

Al vender a detallistas deberás tomar en cuenta:

A. Acuerdo con el propietario de la tienda. Entre otros aspectos, acordar: Estimación de volúmenes, plazos de entrega, condiciones de pago y devoluciones. Considerar todas las obligaciones y derechos de las partes.

B. Los productos deben contar con empaque individual de fácil manipulación.

C. Media/Alta inversión inicial. Medio/alto requerimiento de capital de trabajo.

D. El precio de venta puedes sugerirlo, pues lo decide la tienda de acuerdo a su propia estructura de costos.

E. Organización para la administración, gestión y control de producción, promoción y ventas. Es probable que debas formalizar el negocio para operar así.

F. Traslado regular de productos y consumibles hasta y desde el punto de venta.

G. Embalaje para el manejo y traslado en condiciones higiénicas y seguras.

Distribuidores/Mayoristas

Estos canales incluyen a empresas que manejan grandes volúmenes de productos y los distribuyen a detallistas en la región o el país.

La venta a distribuidores o mayoristas tiene implicaciones importantes, entre ellas:

A. Acuerdo contractual con el propietario del distribuidor o mayorista. Entre otros aspectos, acordar: Estimación de volúmenes, plazos de entrega, devoluciones y condiciones de pago. Considerar todas las obligaciones y derechos de las partes.

B. Los productos deberán ser duraderos y robustos.

C. Etiquetado conforme a normas legales.

D. Debes determinar precios al mayor, al detallista y sugerir el precio al detalle.

E. Piezas en empaque individual o de pocas unidades embaladas en cajas que contienen una o varias decenas o docenas de empaques.

F. Productos sujetos a permisos sanitarios y regulaciones.

G. Organización para la administración, gestión y control de producción de miles de productos por pedido, promoción y ventas.

H. Requiere de incorporación de personal.

I. Muy alta inversión inicial. Alta capacidad de producción propia o contratada. Muy alto requerimiento de capital de trabajo para financiar el ciclo de producción, venta y cobranza.

J. El negocio debe estar formalizado para operar en esta modalidad.

K. Embalaje para el manejo y traslado en condiciones higiénicas y seguras de las cajas de productos.

Hemos revisado el panorama de canales de venta disponibles. La idea es que en este punto del diseño del negocio puedas considerar y seleccionar uno, o varios, de acuerdo a tus objetivos, posibilidades y segmento de clientes, pero también que visualices otros hacia los cuales puedas evolucionar cuando el crecimiento de tu iniciativa de negocios lo exija.

Ejercicio 4
Los canales de promoción y venta de tu negocio

En el presente ejercicio te planteamos que consideres las opciones más acordes a tus objetivos. En cada caso, puedes seleccionar tantas opciones como consideres necesario.

En www.danielrojasrivero.com podrás descargar las plantillas para completar el ejercicio.

Canales de promoción

Promoción de ventas
❏ Muestras ❏ Cupones ❏ Descuentos ❏ Artículos agregados ❏ Concursos
❏ Combo de productos ❏ Concursos/Rifas ❏ Degustaciones
❏ Demostraciones ❏ Otro: ❏ Ninguno

Publicidad
❏ Prensa ❏ Radio ❏ TV
❏ Material POP ❏ Volantes ❏ Medio exterior
❏ Personal ❏ Teléfono ❏ Correo electrónico
❏ Avisos en internet ❏ Otro: ❏ Ninguno

Redes sociales
❏ Instagram ❏ Facebook ❏ Twitter ❏ Youtube ❏ Otra:

Relaciones públicas
❏ Comunicados de prensa ❏ Patrocinio de eventos ❏ Donativos
❏ Relaciones con la comunidad ❏ Conferencias ❏ Seminarios
❏ Publicaciones propias ❏ Responsabilidad social
❏ Organización de eventos ❏ Otro:

Canales de venta
❏ Hogar ❏ Ambulante ❏ A domicilio (Delivery)
❏ Teléfono/Internet/Redes Sociales (Pick up) ❏ Organizadores de eventos
❏ Café/Restaurante ❏ Rincón (Córner) ❏ Tienda propia
❏ Detallistas ❏ Distribuidores/Mayoristas ❏ Otro:

Productos por canal de ventas

Ahora, te planteamos que consideres tus productos y los canales de venta que prefieras para cada uno. Si no estuviera listado, igualmente puedes hacer el ejercicio. En cada caso, eres libre de seleccionar tantas opciones como consideres necesario.

Rizos de chocolate
❏ Hogar ❏ Ambulante ❏ A domicilio (*Delivery*)
❏ Teléfono/Internet/Redes Sociales (*Pick up*) ❏ Organizadores de eventos
❏ Café/Restaurante ❏ Rincón (Córner) ❏ Tienda propia
❏ Detallistas ❏ Distribuidores/Mayoristas ❏ Otro:

Rochers
❏ Hogar ❏ Ambulante ❏ A domicilio (*Delivery*)
❏ Teléfono/Internet/Redes Sociales (*Pick up*) ❏ Organizadores de eventos
❏ Café/Restaurante ❏ Rincón (Córner) ❏ Tienda propia
❏ Detallistas ❏ Distribuidores/Mayoristas ❏ Otro:

Discos de chocolate
❏ Hogar ❏ Ambulante ❏ A domicilio (*Delivery*)
❏ Teléfono/Internet/Redes Sociales (*Pick up*) ❏ Organizadores de eventos
❏ Café/Restaurante ❏ Rincón (Córner) ❏ Tienda propia
❏ Detallistas ❏ Distribuidores/Mayoristas ❏ Otro:

Mendiants
❏ Hogar ❏ Ambulante ❏ A domicilio (*Delivery*)
❏ Teléfono/Internet/Redes Sociales (*Pick up*) ❏ Organizadores de eventos
❏ Café/Restaurante ❏ Rincón (Córner) ❏ Tienda propia
❏ Detallistas ❏ Distribuidores/Mayoristas ❏ Otro:

Cubierta de galletas, *marshmallows* y otros
❏ Hogar ❏ Ambulante ❏ A domicilio (*Delivery*)
❏ Teléfono/Internet/Redes Sociales (*Pick up*) ❏ Organizadores de eventos
❏ Café/Restaurante ❏ Rincón (Córner) ❏ Tienda propia
❏ Detallistas ❏ Distribuidores/Mayoristas ❏ Otro:

Paletas
- ❏ Hogar ❏ Ambulante ❏ A domicilio (*Delivery*)
- ❏ Teléfono/Internet/Redes Sociales (*Pick up*) ❏ Organizadores de eventos
- ❏ Café/Restaurante ❏ Rincón (Córner) ❏ Tienda propia
- ❏ Detallistas ❏ Distribuidores/Mayoristas ❏ Otro:

Bebidas de chocolate
- ❏ Hogar ❏ Ambulante ❏ A domicilio (*Delivery*)
- ❏ Teléfono/Internet/Redes Sociales (*Pick up*) ❏ Organizadores de eventos
- ❏ Café/Restaurante ❏ Rincón (Córner) ❏ Tienda propia
- ❏ Detallistas ❏ Distribuidores/Mayoristas ❏ Otro:

Flanes, natillas y cremas.
- ❏ Hogar ❏ Ambulante ❏ A domicilio (*Delivery*)
- ❏ Teléfono/Internet/Redes Sociales (*Pick up*) ❏ Organizadores de eventos
- ❏ Café/Restaurante ❏ Rincón (Córner) ❏ Tienda propia
- ❏ Detallistas ❏ Distribuidores/Mayoristas ❏ Otro:

Trufas
- ❏ Hogar ❏ Ambulante ❏ A domicilio (*Delivery*)
- ❏ Teléfono/Internet/Redes Sociales (*Pick up*) ❏ Organizadores de eventos
- ❏ Café/Restaurante ❏ Rincón (Córner) ❏ Tienda propia
- ❏ Detallistas ❏ Distribuidores/Mayoristas ❏ Otro:

Figuras sólidas moldeadas
- ❏ Hogar ❏ Ambulante ❏ A domicilio (*Delivery*)
- ❏ Teléfono/Internet/Redes Sociales (*Pick up*) ❏ Organizadores de eventos
- ❏ Café/Restaurante ❏ Rincón (Córner) ❏ Tienda propia
- ❏ Detallistas ❏ Distribuidores/Mayoristas ❏ Otro:

Barras
- ❏ Hogar ❏ Ambulante ❏ A domicilio (*Delivery*)
- ❏ Teléfono/Internet/Redes Sociales (*Pick up*) ❏ Organizadores de eventos
- ❏ Café/Restaurante ❏ Rincón (Córner) ❏ Tienda propia
- ❏ Detallistas ❏ Distribuidores/Mayoristas ❏ Otro:

Barras con inclusiones
❏ Hogar ❏ Ambulante ❏ A domicilio (*Delivery*)
❏ Teléfono/Internet/Redes Sociales (*Pick up*) ❏ Organizadores de eventos
❏ Café/Restaurante ❏ Rincón (Córner) ❏ Tienda propia
❏ Detallistas ❏ Distribuidores/Mayoristas ❏ Otro:

Letreros
❏ Hogar ❏ Ambulante ❏ A domicilio (*Delivery*)
❏ Teléfono/Internet/Redes Sociales (*Pick up*) ❏ Organizadores de eventos
❏ Café/Restaurante ❏ Rincón (Córner) ❏ Tienda propia
❏ Detallistas ❏ Distribuidores/Mayoristas ❏ Otro:

Bombones de centro suave cortados y bañados
❏ Hogar ❏ Ambulante ❏ A domicilio (*Delivery*)
❏ Teléfono/Internet/Redes Sociales (*Pick up*) ❏ Organizadores de eventos
❏ Café/Restaurante ❏ Rincón (Córner) ❏ Tienda propia
❏ Detallistas ❏ Distribuidores/Mayoristas ❏ Otro:

Postres con chocolate
❏ Hogar ❏ Ambulante ❏ A domicilio (*Delivery*)
❏ Teléfono/Internet/Redes Sociales (*Pick up*) ❏ Organizadores de eventos
❏ Café/Restaurante ❏ Rincón (Córner) ❏ Tienda propia
❏ Detallistas ❏ Distribuidores/Mayoristas ❏ Otro:

Bombones moldeados
❏ Hogar ❏ Ambulante ❏ A domicilio (*Delivery*)
❏ Teléfono/Internet/Redes Sociales (*Pick up*) ❏ Organizadores de eventos
❏ Café/Restaurante ❏ Rincón (Córner) ❏ Tienda propia
❏ Detallistas ❏ Distribuidores/Mayoristas ❏ Otro:

Barras de chocolate saborizado sin relleno
❏ Hogar ❏ Ambulante ❏ A domicilio (*Delivery*)
❏ Teléfono/Internet/Redes Sociales (*Pick up*) ❏ Organizadores de eventos
❏ Café/Restaurante ❏ Rincón (Córner) ❏ Tienda propia
❏ Detallistas ❏ Distribuidores/Mayoristas ❏ Otro:

Barras de relleno suave
❑ Hogar ❑ Ambulante ❑ A domicilio (*Delivery*)
❑ Teléfono/Internet/Redes Sociales (*Pick up*) ❑ Organizadores de eventos
❑ Café/Restaurante ❑ Rincón (Córner) ❑ Tienda propia
❑ Detallistas ❑ Distribuidores/Mayoristas ❑ Otro:

Bombones de centro líquido
❑ Hogar ❑ Ambulante ❑ A domicilio (*Delivery*)
❑ Teléfono/Internet/Redes Sociales (*Pick up*) ❑ Organizadores de eventos
❑ Café/Restaurante ❑ Rincón (Córner) ❑ Tienda propia
❑ Detallistas ❑ Distribuidores/Mayoristas ❑ Otro:

Postres complejos con chocolate
❑ Hogar ❑ Ambulante ❑ A domicilio (*Delivery*)
❑ Teléfono/Internet/Redes Sociales (*Pick up*) ❑ Organizadores de eventos
❑ Café/Restaurante ❑ Rincón (Córner) ❑ Tienda propia
❑ Detallistas ❑ Distribuidores/Mayoristas ❑ Otro:

Untables de chocolate
❑ Hogar ❑ Ambulante ❑ A domicilio (*Delivery*)
❑ Teléfono/Internet/Redes Sociales (*Pick up*) ❑ Organizadores de eventos
❑ Café/Restaurante ❑ Rincón (Córner) ❑ Tienda propia
❑ Detallistas ❑ Distribuidores/Mayoristas ❑ Otro:

Grageados
❑ Hogar ❑ Ambulante ❑ A domicilio (*Delivery*)
❑ Teléfono/Internet/Redes Sociales (*Pick up*) ❑ Organizadores de eventos
❑ Café/Restaurante ❑ Rincón (Córner) ❑ Tienda propia
❑ Detallistas ❑ Distribuidores/Mayoristas ❑ Otro:

Bombones de centro firme (turrón y otros)
❑ Hogar ❑ Ambulante ❑ A domicilio (*Delivery*)
❑ Teléfono/Internet/Redes Sociales (*Pick up*) ❑ Organizadores de eventos
❑ Café/Restaurante ❑ Rincón (Córner) ❑ Tienda propia
❑ Detallistas ❑ Distribuidores/Mayoristas ❑ Otro:

Postres artísticos de autor
❑ Hogar ❑ Ambulante ❑ A domicilio (*Delivery*)
❑ Teléfono/Internet/Redes Sociales (*Pick up*) ❑ Organizadores de eventos
❑ Café/Restaurante ❑ Rincón (Córner) ❑ Tienda propia
❑ Detallistas ❑ Distribuidores/Mayoristas ❑ Otro:

Piezas cubiertas de chocolate pulverizado
❑ Hogar ❑ Ambulante ❑ A domicilio (*Delivery*)
❑ Teléfono/Internet/Redes Sociales (*Pick up*) ❑ Organizadores de eventos
❑ Café/Restaurante ❑ Rincón (Córner) ❑ Tienda propia
❑ Detallistas ❑ Distribuidores/Mayoristas ❑ Otro:

Esculturas artísticas
❑ Hogar ❑ Ambulante ❑ A domicilio (*Delivery*)
❑ Teléfono/Internet/Redes Sociales (*Pick up*) ❑ Organizadores de eventos
❑ Café/Restaurante ❑ Rincón (Córner) ❑ Tienda propia
❑ Detallistas ❑ Distribuidores/Mayoristas ❑ Otro:

Chocolate de producción propia
❑ Hogar ❑ Ambulante ❑ A domicilio (*Delivery*)
❑ Teléfono/Internet/Redes Sociales (*Pick up*) ❑ Organizadores de eventos
❑ Café/Restaurante ❑ Rincón (Córner) ❑ Tienda propia
❑ Detallistas ❑ Distribuidores/Mayoristas ❑ Otro:

Otro:
❑ Hogar ❑ Ambulante ❑ A domicilio (*Delivery*)
❑ Teléfono/Internet/Redes Sociales (*Pick up*) ❑ Organizadores de eventos
❑ Café/Restaurante ❑ Rincón (Córner) ❑ Tienda propia
❑ Detallistas ❑ Distribuidores/Mayoristas ❑ Otro:

5. Relación con los clientes

Hasta hace pocos años, las empresas de mercado masivo, en general, mantenían una relación limitada con los clientes. Básicamente lo hacían a través de sus productos e, indirectamente, a través de las tiendas al detalle. En algún caso, apenas se ofrecía un número telefónico con un simbólico nombre "Sra. Rojas" como en el caso de la famosa *ketchup*. El resto era publicidad masiva a través de prensa, televisión, radio, cine y medio exterior.

Por su parte, las empresas pequeñas siempre han tenido la posibilidad de brindar una relación más cercana y humana con sus clientes. De manera que reconocer a un cliente por su nombre, ofrecerle sugerencias que le beneficien en la compra o en el uso de los productos y, aún más, atender personalmente una solicitud o reclamo, permiten establecer relaciones comerciales duraderas y sólidas que, muchas veces, trascienden hasta la amistad.

En tiempos más recientes se han identificado diferentes etapas en la relación de las empresas con los clientes. Estas etapas cubren desde el momento en que el cliente potencial se entera de la existencia de nuestros productos, sus primeras pruebas o evaluaciones, su decisión de compra inicial, las compras recurrentes, el desarrollo de la fidelidad, la declinación y hasta el fin de la relación.

Estas etapas del ciclo de vida de las relaciones con los clientes deben ser gestionadas conscientemente. De esta manera podrás obtener ventajas frente a competidores. Asimismo, tendrás costos y esfuerzos razonables al captar y mantener clientes. En ese sentido, debes definir los objetivos de las relaciones con los clientes y la programación de actividades para alcanzarlos.

Objetivos de las relaciones con los clientes

Entre los objetivos al establecer y mantener relaciones con los clientes tenemos: escuchar la voz del cliente, penetrar el mercado, adquirir clientes, retener clientes y aumentar ventas.

A continuación, presentaremos cada uno de estos objetivos.

Escuchar la voz del cliente

Conocer de primera mano las inquietudes, aspiraciones, ideas, opiniones, quejas o problemas que manifiestan los clientes es un tesoro, pues a partir de él podremos innovar y mejorar los procesos, los productos y servicios. La voz del cliente puede ser escuchada en cada contacto con el negocio, colectiva o individualmente, en persona o mediante tecnologías de comunicación. En ocasiones quizás el cliente se moleste o incomode y lo exprese con dureza, es necesario extraer lo que motivó ese malestar. Un cliente escuchado se siente reconocido y vinculado a tu negocio. En muchos casos, ese cliente te está diciendo gratis lo mismo que haría un costoso estudio de mercado. Entonces, aprovecha y escucha la voz del cliente.

Penetrar el mercado

En este caso, incursionas por primera vez en un segmento de mercado a fin de posicionar la marca, un nuevo producto o servicio. En particular, esto significa que das a conocer sus características, bondades y ventajas a través de información, atención personal, testimonios e intercambio de experiencias entre los clientes. En ese sentido, se debe disponer de medios para atender el primer contacto y hacer que esas experiencias favorables se multipliquen.

Captar clientes

Desde el momento en que presentas tu negocio ante un segmento de mercado hasta que se producen las conversiones de clientes potenciales en ventas efectivas, hay mucho que hacer para que los clientes consideren tu negocio como primera opción, o una de ellas. De manera que presentarte como una referencia confiable en la calidad, higiene y servicios es un buen inicio.

A este respecto, es mejor aún si lo haces con el objetivo primario de satisfacer al cliente y ayudarlo, aunque en un primer momento no te compre. Una demostración de conocimiento e interés en sus necesidades, mediante contenidos útiles o servicios de atención a preguntas, alienta a los potenciales clientes a iniciar una relación con nuestros productos y servicios.

Retener clientes

Una vez que hemos captado un cliente, lo deseable es que la relación se prolongue en el tiempo y a través de su identificación con los valores, el estilo de la empresa y la calidad de los productos y servicios. Esto es posible si es un cliente satisfecho, una y otra vez.

En ese sentido, habrá que cuidar, dar seguimiento y cobertura más allá del momento de la compra, para ello son muy relevantes unos efectivos servicios de atención al cliente, así como también, los programas de lealtad o de cliente frecuente, que lo premien y reconozcan.

En suma, la clave para la fidelidad es demostrar que es un negocio responsable que valora a cada cliente y le importa su satisfacción.

Aumentar ventas

En este apartado el objetivo es estimular las compras de nuestros productos y servicios a través de contactos de la empresa con los clientes o el intercambio entre ellos.

En ese sentido, los programas de membresía, con el registro de datos personales, pueden ser el punto de partida para una comunicación personal y la creación de ofertas individualizadas o recordatorios, tanto como en las ocasiones memorables para el cliente al igual que en las temporadas como Navidad, Día de la Madre o Día del Amor y la Amistad.

En todo caso, una relación exitosa con los clientes se sustenta en que se sientan reconocidos y apreciados como personas.

Formas de relación con los clientes

La relación con los clientes puede desarrollarse de formas múltiples y, también, puede haber mezclas en el enfoque de esas relaciones con los clientes. En este libro consideraremos las siguientes maneras de relación: directa, indirecta, automatizada o informatizada, comunidad de valor, autoservicio y aliados. A continuación, comentaremos las principales características de cada una de ellas.

Directa

En esta modalidad la relación con el cliente es personal, sea presencial o a través de teléfono. Es una interacción muy rica en detalles. En ella podemos obtener de primera mano las reacciones de las personas a través de su tono de voz o sus gestos. Normalmente, está limitada por horarios de atención.

Indirecta

En la relación indirecta, la comunicación personal es intermediada por algún recurso, bien sea por escrito o a través de tecnología como correo electrónico o mensajes directos en redes sociales.

Recientemente, las posibilidades han aumentado con medios digitales que permiten el envío de mensajes por escrito, audio y vídeo, en vivo o grabado. Para ello, el segmento de mercado debe tener acceso a la tecnología y estar habituado a su uso. Esta modalidad es útil cuando la distancia física es insalvable. Otra de sus ventajas es la inmediatez.

También, en muchos casos está limitada por horarios de atención. Requiere un cuidadoso uso del lenguaje para evitar malos entendidos.

Automatizada – Informatizada

En esta modalidad de relación debes disponer de un sistema automatizado a través del cual el cliente pueda obtener información e incluso iniciar transacciones. Útil en caso de grandes cantidades de clientes o transacciones.

En la actualidad, las aplicaciones, llamadas Apps, gozan de creciente popularidad para apoyar la promoción, comercialización y relación con los clientes. Algunas Apps están disponibles para iniciativas pequeñas de negocios a cambio de un pago mensual.

Por su naturaleza, la relación automatizada es menos cálida, por tanto, es necesario que el diseño del sistema sea muy atractivo y de uso fácil e intuitivo.

En este caso es fundamental contar con una sección de "Preguntas frecuentes" (también conocidas como FAQ por "*Frequently asked question*", por su acrónimo en inglés). Esta sección debe contar con información actualizada y precisa. Igualmente, debe estar escrita en lenguaje sencillo y directo.

En esta modalidad el segmento de mercado debe tener acceso a los recursos tecnológicos y estar habituado a su uso. A este respecto, una enorme ventaja es que se pueden prestar muchos servicios sin limitaciones de horario ni de días laborales. Las relaciones con el cliente en esta modalidad, siempre que sea posible, deben ser apoyadas con algunas de las otras posibilidades.

Individualizada

En ciertas situaciones, el cliente requiere algo más que nuestros productos y servicios habituales. En ese caso, nos planteará una situación particular, sea la preparación de un evento, celebración o la complacencia de algún gusto o dieta particular. De modo que el trabajo en equipo con el cliente orientará la solución satisfactoria que podamos brindarle. Usualmente, se acuerda con antelación el lugar, fecha y hora del encuentro.

Comunidad de valor

Las relaciones con los clientes a través de comunidades están en alza. Las redes sociales facilitan el encuentro de clientes y tu negocio. A través de ellas se intercambian ideas y experiencias, se crean soluciones y se genera fidelidad a la marca. Obviamente, esta es una labor muy exigente y especializada, puesto que debe existir una regularidad en las comunicaciones y tiempos de respuesta conocidos.

Además, los mensajes deben ser cuidadosamente pensados y escritos para evitar posibles efectos negativos de un comentario fuera de lugar. De igual forma, es necesario diferenciar a los seguidores de los miembros de la comunidad de tu negocio o producto. Muchos seguidores que pertenezcan a un segmento de mercado distinto o a otra zona geográfica, pueden crear ruidos y distorsiones entre los miembros de tu comunidad.

En todo caso, es mejor gestionar de manera profesional las relaciones con la comunidad de clientes.

Aliados

En algunas ocasiones las relaciones con los clientes se desarrollan a través de aliados comerciales, sean estos detallistas, cafés, restaurantes u otros. En estos casos, es conveniente escoger con criterios claros a los potenciales aliados y brindarles todo el apoyo de información y entrenamiento que requieran para relacionarse con los clientes como una extensión de tu marca.

Sin duda, esta modalidad también implica que evalúes su desempeño regularmente. La combinación con alguna de las otras opciones de relación directa con tu negocio puede fortalecer las relaciones con los clientes.

Autoservicio

En la modalidad de autoservicio la relación se basa fundamentalmente en el producto mientras que la interacción con el cliente es mínima. Usualmente funciona muy bien para productos muy conocidos o tradicionales, de los que hay pocas dudas.

Por su parte, en caso de productos novedosos, la presencia de personas que informen de las características del producto hará más cálido y humano el contacto. El autoservicio puede ser complementado con alguna de las otras opciones de contacto directo para robustecer las relaciones.

Actividades en las relaciones con los clientes

Independientemente de las modalidades de relación con los clientes que hayas escogido, habrá un conjunto de actividades a través de las cuales se materializarán esas relaciones.

De acuerdo con esto podemos mencionar: información, atención y la gestión de la comunidad de clientes y relacionados.

Información a los clientes

Siempre habrá que facilitar información necesaria y útil a los clientes. En particular, podemos preparar contenidos acerca de productos, características y propiedades; sugerencias y soluciones a casos relacionados con chocolate; información sobre noticias y eventos del sector de chocolatería; una compilación actualizada de preguntas frecuentes y sus respuestas; testimonios, opiniones y experiencias de clientes; así como curiosidades y miscelánea con referencia al chocolate.

Comunicación de los contenidos de información a los clientes

En primer lugar, consideremos los contenidos que son elaborados para ser empleados o comunicados a los clientes, sin cambios. Entre ellos tenemos los guiones de atención al cliente, así como también los textos o artículos con información interesante del sector o de productos; imágenes, gráficos, dibujos, esquemas, infografías y memes; y audios y vídeos.

Por otra parte, están los contenidos que se adaptan de forma dinámica de acuerdo a la interacción con los clientes. Las posibilidades tecnológicas de comunicación que ofrece internet amplían las tradicionales.

En ese sentido, se pueden mantener y hacer crecer las relaciones con los clientes a través de servicios web, tales como foros, charlas (chats), blogs o micro blogs. Incluso, con redes sociales como Twitter e Instagram. Aún más, recientemente se han sumado juegos, retos, concursos o consultas a los que el cliente puede acceder con su teléfono móvil.

Atención al cliente

La relación con los clientes se nutre y fortalece con contactos repetidos y satisfactorios para el cliente. De esta manera, los clientes se sentirán valorados, acompañados y desarrollarán lealtad por la marca. Para ello, es fundamental que los servicios de atención al cliente estén disponibles en los horarios anunciados.

Los servicios de atención al cliente deben estar preparados para ofrecer respuestas efectivas a preguntas, solicitudes de apoyo, orientación o dudas; o, no menos importante, los reclamos por el cumplimiento de las garantías que ofrezcamos.

En situaciones en las que un reclamo podría causar la pérdida de un cliente, la calidad de estos servicios es decisiva para revertir la situación y conservar o ganar un cliente. Así, el costo del producto no cobrado o la devolución del dinero pagado al comprador insatisfecho son inversiones ínfimas en relación al impacto positivo en los consumidores, puesto que una mala experiencia no subsanada se difundirá, quizás por años.

Gestión de la comunidad de clientes y relacionados.

En la actualidad, las redes sociales son el medio ideal para crear, mantener y hacer crecer una comunidad de clientes y relacionados. Aún más, la llegada de las redes sociales ha potenciado las posibilidades de relación de clientes con los negocios, además con un costo mínimo. En las redes sociales no importa el tamaño de la empresa. Allí, en el foro o chat es el perfil de un cliente frente al perfil del negocio, enorme o chico. Entonces, los foros se constituyen en poderosas opciones para interactuar en público o en privado con los clientes.

Asimismo, las redes han otorgado poder a los clientes y a sus opiniones entre los seguidores de las empresas. Esto se ha evidenciado cuando la queja de un cliente insatisfecho en una red social, se ha hecho viral y el impacto consecuente ha afectado la imagen de la empresa apenas en minutos.

La gestión de esta base de clientes es otro servicio del negocio y que también será evaluado de acuerdo a sus necesidades y expectativas.

Entre las actividades particulares de la gestión de comunidad de clientes tenemos:

A. Fomentar el aumento de miembros de la comunidad.

B. Propiciar el intercambio de ideas, experiencias y opiniones entre miembros.

C. Impulsar actividades acerca del sector, ingredientes, productos o servicios.

D. Demostrar responsabilidad social y solidaridad con causas nobles y altruistas.

E. Divulgar contenidos originales y de interés.

Finalmente, las modalidades de las relaciones con los clientes que practiques deben reflejar fielmente los elementos de identidad del negocio, tratados en el Capítulo 3, y, por supuesto, estar en sintonía con el segmento de clientes que esperas atender.

Ejercicio 5
Relaciones de tu negocio con los clientes

Ahora, considera el diseño de las relaciones de tu negocio con los clientes. En cada caso, puedes seleccionar tantas opciones como consideres necesario. Te presentamos a manera de ilustración las posibilidades de manera que puedes escoger algunas o estimular tu creatividad para que crees otras. Solo ten en consideración que cada una que incluyas aumentará el esfuerzo, recursos y dedicación requeridos.

En www.danielrojasrivero.com podrás descargar las plantillas para completar el ejercicio.

Objetivos de las relaciones con los clientes
❏ Escuchar la voz del cliente ❏ Penetrar el mercado
❏ Adquirir clientes ❏ Retener clientes ❏ Aumentar ventas
❏ Otro:

Modalidades de relación con los clientes
❏ Directa ❏ Indirecta ❏ Informatizada
❏ Individualizada ❏ Comunidad de valor ❏ Aliados
❏ Autoservicio ❏ Otro:

Actividades de relaciones con los clientes
❏ Información a los clientes
❏ Atención a los clientes
❏ Gestión de la base de clientes
❏ Otro:

Tipo de información ofrecida a los clientes
❏ Información de productos ❏ Uso, manejo y conservación de productos
❏ Información de precios y formas de pago
❏ Información acerca de ingredientes
❏ Casos/Sugerencias/Soluciones ❏ Información del ramo de chocolatería
❏ Opiniones/Experiencias ❏ Preguntas frecuentes ❏ Curiosidades
❏ Otro:

Modalidades de los contenidos ofrecidos a los clientes

Estáticos
❏ Guiones de atención ❏ Artículos ❏ Textos ❏ Imágenes ❏ Gráficos
❏ Dibujos ❏ Esquemas ❏ Infografías ❏ Memes ❏ Otros:

Multimedios
❏ Animaciones ❏ Audios ❏ Vídeos ❏ Otros:

Interactivos
❏ Web ❏ Telefónico ❏ Chat ❏ Redes sociales
❏ Juegos ❏ Concursos ❏ Consultas ❏ Otros:

6. Ingresos

Después del impulso inicial con tu dinero, o el de familiares o amigos, los ingresos provenientes de las ventas deberán sostener el negocio lo más pronto posible. Para esto deberás tomar decisiones destinadas a establecer las rutas de los ingresos de tu negocio.

En ese sentido, los ingresos totales de tu negocio vendrán de la suma de todas las ventas a través de combinaciones de estos tres elementos:

A. Productos y servicios de tu negocio.

B. Canales de venta de los productos.

C. Modalidades de venta.

Este conjunto debe permitir a tu negocio llegar a su segmento de clientes.

Así que, además de las características propias de los productos, los canales de venta le agregarán el valor del servicio que reconocerán los clientes en el momento de comprar el producto. Mientras que las modalidades de venta establecerán las condiciones para acceder a los productos.

Por tanto, definiremos la estructura de ingresos como el conjunto de relaciones entre los productos y servicios, los canales, las modalidades y condiciones de venta que alimentan la caja del negocio.

Flujos de ingresos

En la estructura de ingresos podemos identificar flujos de ingresos particulares por cada producto y por cada uno de los canales de venta que le hayas asociado.

De manera tal que existirán diferentes flujos de ingresos dependiendo de lo que vendas, la manera como los vendas y donde lo vendas. Tomemos, por ejemplo, un bombón. El precio de venta unitario que manejes al expender el bombón directamente al público será diferente si ese mismo bombón lo vendes a la tienda que los compra por kilos para venderlos al detalle.

Ahora, veamos los flujos de ingresos más comunes en el negocio de chocolatería. Así tenemos los ingresos provenientes de:

A. Ventas al mayor de productos propios.

B. Ventas al detalle de productos propios.

C. Ventas al mayor de productos propios con valor agregado (cajas, arreglos, lazos, peluches, botellas de bebida, libros, tarjetas, flores, entre otras.)

D. Ventas al detalle de productos propios con valor agregado (cajas, arreglos, lazos, peluches, botellas de bebida, libros, tarjetas, flores, entre otras.)

E. Venta de servicios

E1. Alquiler de fuentes de chocolate.

E2. Suministro de consumibles para fuentes de chocolate.

E3. Atención personal, suministro de consumibles y fuentes de chocolate en eventos.

E4. Decoración/arreglo de mesas de dulces/eventos.

E5. Atención personal de estación de dulces en eventos.

E.6 Comisiones por ventas de productos y servicios de terceros.

E7. Licenciamiento o franquiciado de marcas, recetas o de la operación del negocio.

E8. Ingresos por publicidad a terceros.

Inicialmente, quizás cuentes con un producto y podrías venderlo empleando un único canal. En ese caso el 100% de los ingresos vendrían de allí. En la medida en que agregas canales de venta, así como otros productos, esa mezcla se hace más compleja y deberás monitorear cuanto contribuye cada uno de ellos al total de ingresos. Este es un gran apoyo para la toma de decisiones.

Políticas de ventas

Ahora bien, independientemente de la mezcla de fuentes de ingresos que escojas para que la operación de tu modelo de negocios sea más fluida deberás definir algunas reglas de juego que orienten las decisiones, eviten improvisaciones y el caos.

En ese sentido, en general, definiremos:

Una política de negocios es una orientación interna y específica que debe ser conocida, entendida y acatada en toda tu empresa. La política de negocio puede ser expresada operativamente con las normas y los procedimientos.

En pocas palabras, una política establece lo que se puede hacer o no en tu negocio con respecto a una situación, condición o proceso. Por tanto, puedes definir políticas en varias áreas como personal, gastos, contabilidad, ética y ventas, por mencionar algunas.

En este momento nos ocuparemos de las políticas de ventas. En ellas quedará establecido si otorgarás descuentos, comisiones o pago de contado o en plazos mientras que las normas establecerán los límites y condiciones para su aplicación, en cada caso. Por su parte, los procedimientos establecerán los pasos para llevarlos a cabo.

A modo de ejemplo, si tu política de ventas incluye el otorgamiento de descuentos, la norma correspondiente podría establecer si es para todas las ventas o solamente aquellas que sean al contado. Asimismo, podrías establecer una cantidad mínima de compra en dinero, o en unidades de productos, para otorgar el descuento. De igual manera puedes establecer si monto o porcentaje del descuento es fijo o puede variar a medida que el volumen de la compra sea mayor.

Por su parte, en un procedimiento se establecerán los pasos a seguir para determinar el descuento aplicable y los registros para documentar que eso ocurrió. Esto puede parecer burocrático, pero es sencillo de hacer, bastaría un cuaderno y una calculadora o una hoja de cálculo. En caso de contar con un sistema automatizado de facturación, pues este se encargará de ello. En papel o en un computador, este registro ofrecerá información importante para el futuro.

La definición de políticas del negocio exige que dediques algo de tiempo a la determinación de esas reglas de operación. Se trata de una inversión importante pues te ahorrará mucho tiempo en el día a día. Además, te dará la opción, a ti y a tus colaboradores, de recurrir a las "políticas del negocio" cuando alguien aspire a un beneficio o consideración que exceda lo razonable. Además, las políticas apoyan la cultura de organización y orden en la empresa.

Un apunte importante es que las políticas deben ser sencillas, claras y prácticas.

Modalidades de venta

Vamos a considerar tres modalidades básicas de venta: contado, crédito y consignación. Decidirás cuál o cuáles emplearás de acuerdo a la realidad de tu negocio. Podrías iniciar con alguna y luego adicionar otras. Eliminar alguna puede tener un impacto negativo con algunos clientes, en cuyo caso habrá que tratar con cuidado esa transición. Lo recomendable sería agregarlas progresivamente cuando tengamos la seguridad de mantenerlas en el tiempo.

Contado

En esta modalidad el pago se produce en el momento de la entrega de los productos, o en muy pocos días después. Usualmente ésta última opción es limitada a ciertos clientes. El financiamiento de la producción puede ser recuperado de inmediato. En ocasiones, a la hora de contratar un pedido es una buena práctica solicitar una porción inicial al menos del 40% y el monto restante, a más tardar, en el momento de entregar los productos.

Crédito

En este caso, el pago es recibido con posterioridad a la entrega de los productos y servicios luego de transcurrido el plazo establecido, si bien puede ocurrir con alguna compra individual es más frecuente en las negociaciones con tiendas, restaurantes, cafés u organizadores de eventos quienes expenderán los productos a sus clientes.

En esta modalidad. el pago de los productos es exigible, los haya vendido o no, cumplido el plazo acordado, aunque este sea apenas de días. Por lo que deberás contar con el capital de trabajo para cubrir la producción de esos productos y financiar el funcionamiento mientras recuperas el dinero.

Además, al trabajar con créditos deberás gestionar la cobranza, es decir tiempo y esfuerzo que no agregan valor al producto y que te distraen de la producción y ventas.

Igualmente, aunque escojas a consciencia a quienes otorgarás el crédito, deberás considerar las posibles demoras en el pago y contar con una provisión para cuentas incobrables. En general, en iniciativas pequeñas no es conveniente vender a crédito.

Adicionalmente, hay que considerar la posibilidad de cambios y devoluciones de productos, lo que también afectaría los ingresos.

Consignación

Esta modalidad requiere la participación de un tercero, tienda, restaurante o café que recibe y se compromete a vender tus productos a sus clientes. En este caso, produces y entregas los productos, pero no obtendrás el dinero hasta tanto el vendedor los haya vendido a su vez. Por tanto, debes contar con el capital de trabajo necesario para seguir operando mientras se produce el retorno del dinero. En ese sentido, el plazo para que esto ocurra puede ser incierto, aunque lo recomendable es que sea establecido un máximo de antemano.

La opción de consignación puede ser útil para introducir tus productos en el mercado y superar la resistencia inicial de los potenciales vendedores. En este caso, los comercios que escojas deben atender a tu segmento de clientes y cumplir el compromiso de pago que asumen con la consignación.

Asimismo, hay que considerar la posibilidad de cambios y devoluciones de productos, lo que afectaría la estructura de costos.

Factores que condicionan los flujos de ingresos

Inicialmente tendremos unos precios de lista. Sin embargo, el monto que ingrese por producto vendido no siempre se corresponde con lo que indica el precio de lista.

Esto ocurre debido a que en la comercialización juega un papel importante la naturaleza de la transacción, así como también el poder de negociación de los clientes. Estos elementos y algunos otros condicionan los precios que finalmente se apliquen en una venta. De seguidas, presentaremos los más frecuentes.

Volumen de la transacción

Los compradores de volúmenes normalmente negocian los mejores precios. Esto es posible porque en solo una transacción de compra-venta se transan cantidades de bienes y dinero que, de otro modo, requerirían de varias operaciones, mayores esfuerzos y tiempo organizacional.

En ocasiones, grandes empresas contratan volúmenes fijos de producción a un precio determinado, el más bajo posible generalmente. En estos casos es muy importante considerar el ciclo de pagos, puesto que usualmente puede ser de 30 a 60 días y vas a requerir capital de trabajo para cubrir ese período de producción. Esta modalidad es muy tentadora, pero en definitiva poco recomendable para una iniciativa pequeña.

Frecuencia de las compras

La frecuencia y regularidad de las compras es otro elemento que permitir transar mejores precios, pues esas ventas se realizan con mínimo esfuerzo y garantizan ingresos.

Comisiones

El uso de incentivos para el logro de ventas es otro elemento que condiciona el flujo de ingresos. En el caso de comisiones de intermediarios o vendedores, se corre el riesgo de que el vendedor anteponga su comisión a la satisfacción de las necesidades el cliente. En algunas ocasiones, se establecen comisiones para cobranzas de créditos lo que incrementa el costo de estas ventas.

Todavía será peor si se contempla el pago de comisiones por el cobro de deudas morosas, puesto que puedes estar alentando que el esfuerzo por parte del cobrador sea efectivo solamente cuando la comisión sea máxima en perjuicio de tu negocio.

Descuentos

Otro de los elementos que condiciona los flujos de ingresos son los descuentos. A través de ellos, se estimula alguna acción para mutuo beneficio.

Entre los más frecuentes están los descuentos en compras para estimular al cliente en las temporadas previsibles de baja en las ventas, es decir, la estacionalidad inversa que ya comentáramos. Aunque, recordamos que es mejor pensar en combos antes que bajar el precio individual de los productos.

De la misma manera, se acostumbra realizar descuentos por pronto pago. Un porcentaje acorde con el beneficio que obtienes al recibir el dinero con anticipación. Así, te ahorras el esfuerzo, el tiempo y el riesgo de la cobranza.

Los descuentos pueden tener gran incidencia en los ingresos. Por tanto, la política de descuentos debe ser bien analizada en su impacto y consecuencias.

Cambios y devoluciones

Los flujos de ingresos también están condicionados por la política que definas acerca de cambios o devoluciones de mercancía. En particular, en los casos de una venta puntual no pareciera ser mayor problema proceder al cambio o devolución. Sin embargo, en aquellos casos en los que hay un flujo constante de ventas a terceros en cualquier modalidad, es muy probable que debas considerar los cambios y devoluciones de productos como parte del día a día.

Entonces, gestionar regularmente cambios y devoluciones requerirá que establezcas las políticas y las normas que determinen claramente sus límites, plazos y condiciones.

No obstante, los cambios y devoluciones no son deseables ni eficientes y debes trabajar para que su ocurrencia sea algo excepcional. Una buena idea es darles seguimiento a las devoluciones. De esta manera, tendrás claras las causas, cuándo y con cuáles clientes ocurren y otras informaciones que te permitan, con datos en la mano, ajustar las cantidades que despaches. De esta manera, podrás minimizar o desaparecer esta situación.

En todo caso, si llegaras a establecer una política de cambios y devoluciones todos esos productos deben regresar a tu negocio y ser verificados, tanto en las cantidades como en sus condiciones. De esta forma aprenderás sobre las causas y, también, evitarás vicios y desviaciones perjudiciales.

En resumen, el total de ingresos de tu negocio será determinado por los flujos de ingresos que incluyas en su diseño. Asimismo, hemos visto que las políticas pueden afectar los ingresos o incrementar costos no visibles directamente. Atender a todos estos aspectos será vital para asegurar que puedes hacer frente a las obligaciones, crecer y permanecer en el mercado.

Ejercicio 6
Los flujos de ingresos de tu negocio

A continuación, te planteamos que consideres los flujos de ingresos de tu negocio desde la perspectiva de los canales de venta y las posibles políticas de ventas, descuentos, devoluciones u otras que consideres pertinentes.

Puedes seleccionar tantas opciones como creas conveniente.

En www.danielrojasrivero.com podrás descargar las plantillas para completar el ejercicio.

Flujos de ingresos
Venta al mayor de productos propios.
❏ Hogar ❏ Organizadores de Eventos ❏ Café/Restaurant.
❏ Tienda ❏ Distribuidor/Mayorista. ❏ Otro
❏ Todos ❏ Ninguno

Venta al detalle de productos propios.
❏ Hogar ❏ Ambulante ❏ Domicilio ❏ Teléfono/Internet.
❏ Organizadores de Eventos
❏ Café/Restaurant. ❏ Córner ❏ Tienda ❏ Al detalle
❏ Distribuidor/Mayorista. ❏ Otro
❏ Todos ❏ Ninguno

Venta al mayor de productos propios con valor agregado
❏ Hogar ❏ Organizadores de Eventos ❏ Café/Restaurant.
❏ Tienda ❏ Distribuidor/Mayorista. ❏ Otro
❏ Ninguno

Venta al detalle de productos propios con valor agregado
❏ Hogar ❏ Ambulante ❏ Domicilio ❏ Tel/Internet.
❏ Organizadores de Eventos
❏ Café/Restaurant. ❏ Córner ❏ Tienda ❏ Al detalle
❏ Distribuidor/Mayorista. ❏ Otro
❏ Todos ❏ Ninguno

Alquiler de fuentes de chocolate y complementos.
❏ Domicilio ❏ Organizadores de Eventos ❏ Café/Restaurant.
❏ Otro
❏ Ninguno

Servicio de fuentes de chocolate en eventos.
❏ Domicilio ❏ Organizadores de Eventos ❏ Café/Restaurant.
❏ Otro
❏ Ninguno

Decoración/arreglo de mesas de dulces/eventos.
❏ Domicilio ❏ Organizadores de Eventos ❏ Café/Restaurant.
❏ Otro
❏ Ninguno

Atención de estación de dulces en eventos.
❏ Domicilio ❏ Organizadores de Eventos ❏ Café/Restaurant.
❏ Otro
❏ Ninguno

Comisiones por ventas de productos/servicios de otros.
❏ Hogar ❏ Ambulante ❏ Domicilio ❏ Tel/Internet.
❏ Organizadores de Eventos
❏ Café/Restaurant. ❏ Córner ❏ Tienda ❏ Al detalle
❏ Distribuidor/Mayorista. ❏ Otro
❏ Todos ❏ Ninguno

Ingresos por publicidad a terceros
❏ Hogar ❏ Ambulante ❏ Domicilio ❏ Tel/Internet.
❏ Organizadores de Eventos
❏ Café/Restaurant. ❏ Córner ❏ Tienda ❏ Al detalle
❏ Distribuidor/Mayorista. ❏ Otro
❏ Todos ❏ Ninguno

Licenciamiento/Franquicia de marca, recetas, operación.
❏ Hogar ❏ Ambulante ❏ Domicilio ❏ Tel/Internet.
❏ Organizadores de Eventos

❏ Café/Restaurant. ❏ Córner ❏ Tienda ❏ Al detalle
❏ Distribuidor/Mayorista.
❏ Otro
❏ Todos ❏ Ninguno

Otra:
❏ Hogar ❏ Ambulante ❏ Domicilio ❏ Tel/Internet.
❏ Organizadores de Eventos
❏ Café/Restaurant. ❏ Córner ❏ Tienda ❏ Al detalle
❏ Distribuidor/Mayorista.
❏ Otro

Política de Ventas

Contado
❏ Hogar ❏ Ambulante ❏ Domicilio ❏ Tel/Internet.
❏ Organizadores de Eventos
❏ Café/Restaurant
. ❏ Córner ❏ Tienda ❏ Al detalle ❏ Distribuidor/Mayorista.
❏ Otro
❏ Todos ❏ Ninguno

Crédito
❏ Hogar ❏ Ambulante ❏ Domicilio ❏ Tel/Internet.
❏ Organizadores de Eventos
❏ Café/Restaurant. ❏ Córner ❏ Tienda ❏ Al detalle
❏ Distribuidor/Mayorista.
❏ Otro
❏ Todos ❏ Ninguno

Consignación
❏ Hogar ❏ Ambulante ❏ Domicilio ❏ Tel/Internet.
❏ Organizadores de Eventos
❏ Café/Restaurant. ❏ Córner ❏ Tienda ❏ Al detalle
❏ Distribuidor/Mayorista.
❏ Otro
❏ Todos ❏ Ninguno

Otra:
- ❏ Hogar ❏ Ambulante ❏ Domicilio ❏ Tel/Internet.
- ❏ Organizadores de Eventos
- ❏
- ❏ Córner ❏ Tienda ❏ Al detalle ❏ Distribuidor/Mayorista.
- ❏ Otro

Política de Descuentos

Pronto Pago
- ❏ Hogar ❏ Ambulante ❏ Domicilio ❏ Tel/Internet.
- ❏ Organizadores de Eventos
- ❏ Café/Restaurant. ❏ Córner ❏ Tienda ❏ Al detalle
- ❏ Distribuidor/Mayorista.
- ❏ Otro
- ❏ Todos ❏ Ninguno

Por Volumen
- ❏ Hogar ❏ Ambulante ❏ Domicilio ❏ Tel/Internet.
- ❏ Organizadores de Eventos
- ❏ Café/Restaurant. ❏ Córner ❏ Tienda ❏ Al detalle
- ❏ Distribuidor/Mayorista. ❏ Otro
- ❏ Todos ❏ Ninguno

Por Temporada (Estacionalidad)
- ❏ Hogar ❏ Ambulante ❏ Domicilio ❏ Tel/Internet.
- ❏ Organizadores de Eventos
- ❏ Café/Restaurant. ❏ Córner ❏ Tienda ❏ Al detalle
- ❏ Distribuidor/Mayorista.
- ❏ Otro
- ❏ Todos ❏ Ninguno

Política de cambios y devoluciones

Cambios de productos
❏ Hogar ❏ Ambulante ❏ Domicilio ❏ Tel/Internet.
❏ Organizadores de Eventos
❏ Córner ❏ Tienda ❏ Al detalle ❏ Distribuidor/Mayorista.
❏ Otro
❏ Todos ❏ Ninguno

Devoluciones de productos
❏ Hogar ❏ Ambulante ❏ Domicilio ❏ Tel/Internet.
❏ Organizadores de Eventos
❏ Café/Restaurant. ❏ Córner ❏ Tienda ❏ Al detalle
❏ Distribuidor/Mayorista.
❏ Otro
❏ Todos ❏ Ninguno

7. Activos, medios y recursos clave

En la operación cotidiana del negocio se emplean diversos activos, medios y recursos necesarios y suficientes para hacerlo funcionar. Ellos pueden ser físicos, financieros, intelectuales o humanos, es decir, que pueden ser tangibles e intangibles.

Entre los recursos tangibles tenemos los activos, medios y recursos tales como los equipos, maquinaria, utensilios, mobiliario y espacios. Asimismo, debemos contar con los servicios o suministros que permiten su funcionamiento en el caso de que lo requieran.

Por otra parte, los activos, medios y recursos intangibles tenemos el conocimiento, derivado del estudio y la experiencia, así como también las recetas, los métodos y técnicas e igualmente las medidas para adelantar el trabajo de manera profesional, sin mayores desviaciones personales. Asimismo, son activos intangibles la marca, la identidad y la cultura del negocio.

Un caso particular es el talento de las personas como un medio para alcanzar las metas y mejorar cada vez más la operación de tu negocio. En tal sentido, es relativamente reciente la noción que considera a las personas como parte del capital intelectual de la empresa, no como un recurso que se consume o se agota, sino como talento que debe ser motivado y desarrollado, día a día, mientras aporta sus conocimientos, experiencia y esfuerzos a la producción.

De manera tal que deberás ir tomando nota de las cualidades, habilidades y destrezas con que deberán contar las personas que se incorporen al equipo de tu negocio. Aunque es importante recordar que parte de tu trabajo será entrenar, entrenar y entrenar a las personas todo el tiempo.

El diseño de tu negocio pasa por identificar cuáles de estos activos, medios y recursos son estrictamente necesarios. En esta etapa inicial quizás ya cuentes con espacios, equipos y utensilios domésticos que servirán para demostrar y probar tus productos, incluso para la temprana producción comercial. Hasta podrías contar con algunos recursos prestados, rentados o contratados. Estas últimas modalidades resultan convenientes pues evitarías la inversión en la compra de equipos en ese momento.

A medida que se consolida el negocio podrías adquirir algunos recursos para sustentar la producción. En este caso, la imagen de la carreta detrás de los bueyes puede ser muy ilustrativa. Pues, la adquisición de equipos, mobiliario o utensilios debe obedecer a la certeza de su necesidad permanente y no que el bien adquirido, por impulso o para aprovechar una oportunidad, sea únicamente lo que determine las características de tu producto o proceso.

Eso sí, siempre que puedas, compra equipamiento profesional. Es cierto, son más costosos, pero mucho más duraderos, confiables y productivos.

A continuación, con la ayuda de la clasificación de las iniciativas en chocolatería que hemos presentado, es decir, Básico, Intermedio, Avanzado y Experto, expondremos los principales recursos que se requerirían en cada caso. Recordamos que esta clasificación solamente tiene fines ilustrativos y, en definitiva, cada negocio tendrá su propia realidad. En ella, muy probablemente, habrá una mezcla única de elementos de los diversos escenarios planteados.

Activos, medios y recursos

Generales

1. Computador
2. Impresora
3. Teléfono
4. Teléfono móvil

Equipos y utensilios: Escenario básico

1. Balanza
2. Bandejas
3. Batidora de mano
4. Cucharas
5. Cucharones
6. Espátula recta
7. Espátula triangular
8. Estufa/Cocina /Hornalla

9. Horno de microondas
10. Láminas de plástico
11. Mangas de pastelería
12. Moldes de acetato/silicona
13. Nevera
14. Papel encerado
15. Procesador de alimentos
16. Tazones de acero inoxidable o de vidrio
17. Termómetro
18. Tijera

Equipos y utensilios: Escenario intermedio

1. Balanza
2. Bandejas
3. Batidora
4. Batidora de mano
5. Cocina/Microondas/Fundidora
6. Cuchillos
7. Embudo
8. Guantes
9. Marcos para formar centros
10. Moldes de figuras, barras y letras.
11. Moldes de silicona
12. Papel encerado
13. Papel film
14. Procesador de alimentos
15. Refrigeradores
16. Regla
17. Tazones
18. Temperadora/Tabla de mármol
19. Tenedores de chocolatería

Equipos y utensilios: Escenario avanzado

1. Balanza
2. Bandejas de enfriamiento
3. Batidora

4. Batidora de mano
5. Batidora de pedestal
6. Caja para bombones de centro líquido
7. Cucharón
8. Embudos
9. Equipo para cubrimiento de grageas y piezas (*Panning*)
10. Espátulas de chocolatería y repostería.
11. Formaletas para centros líquidos
12. Fundidora. Tamaños disponibles: 3, 6, 9, 12 kg.
13. Guantes
14. Moldes profesionales
15. Procesador de alimentos
16. Procesador/molino
17. Refractrómetro
18. Refrigeradores
19. Tazones
20. Temperadora: 0,5 kilos, 1 kilos, 3 kilos, 5 kilos, 10 kilos, 15 kilos.
21. Temperadora/cubridora/Tabla de mármol.
22. Termómetro
23. Vibradora de moldes

Equipos y utensilios: Escenario experto

1. Aerógrafo, pistola o pincel de aire.
2. Antorcha o soplete
3. Balanza
4. Bandejas de enfriamiento
5. Base giratoria
6. Batidora de pedestal
7. Batidora de mano
8. Caja para bombones de centro líquido
9. Compresor de aire
10. Congelador/Refrigerador
11. Cortadores de rueda
12. Cucharas
13. Cucharas medidoras
14. Cucharón
15. Cuchillos
16. Embudo

17. Equipos de prensado, refinado y conchado.
18. Equipo para cubrimiento de grageas y piezas (*Panning*)
19. Espátulas de pastelería y chocolatería
20. Formas y perfiles varios
21. Fundidora. Tamaños disponibles: 3, 6, 9, 12, 25, 50, 100 kg o más.
22. Fundidora/calentadora de chocolate
23. Guantes
24. Guitarra de corte
25. Láminas de acetato texturizadas
26. Moldes profesionales
27. Pinceles y brochas
28. Pistola de aire caliente
29. Procesador de alimentos
30. Refractrómetro
31. Regla
32. Tabla de mármol
33. Tazones
34. Tapete de silicona
35. Temperadora: Tamaños disponibles: 3, 6, 9, 12, 25, 50 kg o más.
36. Temperadora/cubridora
37. Tenedores de chocolatería
38. Termómetro
39. Túnel de enfriamiento
40. Ultracongelador
41. Vibradora de moldes

Servicios clave

1. Agua
2. Electricidad
3. Gas
4. Hosting de sitios web
5. Proveedores de transporte
6. Redes sociales
7. Servicio de acceso a Internet

Mobiliario

1. Carritos
2. Clavijeros
3. Estantes
4. Mesones de acero inoxidable
5. Sillas
6. Tope de mármol

Materia prima

1. Azúcar
2. Azúcar invertido
3. Azúcar pulverizado
4. Cacao en polvo
5. Chocolate
6. Colorantes solubles en grasa
7. Crema de leche
8. Edulcorantes sustitutos
9. Esencias
10. Especias y sabores: clavos, canela, pimienta, anís, nuez moscada, anís estrellado y fleur de sel.
11. Flores: lavanda, jamaica, azahar, clavel, rosa y jazmín.
12. Frutas confitadas
13. Frutas frescas
14. Frutas secas
15. Frutos secos
16. Glucosa
17. Hierbas: té verde, té negro, hierbabuena, menta y manzanilla.
18. Leche
19. Leche condensada
20. Leche evaporada
21. Licores: Whiskies, rones, licor de avellanas, crema de whisky y otros.
22. Manteca de cacao
23. Manteca de cacao pulverizada
24. Mantequilla
25. Miel de maíz
26. Nibs de cacao

Consumibles

1. Bases de cartón, plástico o poliestireno
2. Bolsas descartables
3. Cajas
4. *Cornets*
5. Guantes descartables
6. Mangas descartables
7. Papel absorbente
8. Papel encerado
9. Papel film
10. Paños absorbentes

Ambiente

El espacio requerido para la elaboración, manejo y almacenamiento de productos de chocolatería debe estar protegido de contaminantes físicos, químicos y biológicos.

Además, debe contar con iluminación adecuada, un rango de temperatura ambiente entre 19°C y 22°C preferiblemente, y una humedad adecuada.

Un apunte importante es que las características, capacidades o cantidades de los recursos físicos, tales como equipos, utensilios, espacios e incluso materia prima, deben estar de acuerdo al tamaño del segmento de mercado que esperas atender y, por tanto, a los volúmenes de negocio que representa.

Ejercicio 7
Activos, medios y recursos de tu negocio

El siguiente ejercicio te permitirá realizar una aproximación de los activos, medios y recursos que podrías emplear en tu negocio. Por supuesto que puedes escoger de cualquiera de los cuatro grupos para diseñar tu modelo que es único.

En www.danielrojasrivero.com podrás descargar las plantillas para completar el ejercicio.

Básico

- ❏ Balanza ❏ Bandejas ❏ Batidora de mano ❏ Cocina/Estufa/Hornalla
- ❏ *Cornets* ❏ Cubiertos ❏ Cucharones/Cucharas ❏ Espátula ❏ Estante
- ❏ Horno de microondas ❏ Láminas de plástico ❏ Mangas de pastelería
- ❏ Mesa ❏ Nevera ❏ Papel encerado
- ❏ Procesador de alimentos ❏ Tazones de acero inoxidable o de vidrio
- ❏ Termómetro ❏ Tijeras ❏ Vajilla

Intermedio

- ❏ Balanza ❏ Bandejas ❏ Batidora de mano ❏ Batidora de pedestal
- ❏ Cocina/Estufa/Hornalla ❏ *Cornets* ❏ Cubiertos ❏ Cucharones/Cucharas
- ❏ Cuchillos ❏ Espátulas ❏ Estantes ❏ Fundidora de chocolate
- ❏ Guantes ❏ Horno de microondas ❏ Mangas de pastelería
- ❏ Marcos para formar centros ❏ Mesón ❏ Moldes de acetato o silicona
- ❏ Papel encerado ❏ Papel film ❏ Procesador de alimentos ❏ Regla
- ❏ Tazones de acero inoxidable o vidrio.
- ❏ Temperadora/Tabla de mármol ❏ Tenedores de chocolatería
- ❏ Termómetro ❏ Tijeras ❏ Vajilla ❏ Otros

Avanzado

- ❏ Balanza ❏ Bandejas ❏ Batidora de pedestal ❏ Batidora de mano
- ❏ Caja con fécula de maíz ❏ Cocina ❏ Clavijeros
- ❏ Cucharones/Cucharas ❏ Embudos
- ❏ Espátulas de chocolatería ❏ Espátulas de repostería ❏ Estantes
- ❏ Formaletas para centros líquidos
- ❏ Fundidora/Calentadora: 3, 6, 9, 12 o más kg.
- ❏ Guantes ❏ Horno de microondas ❏ Mangas de pastelería

- ❏ Mesa de mármol ❏ Moldes profesionales
- ❏ Papel encerado ❏ Papel film
- ❏ Procesador/molino ❏ Refractrómetro ❏ Refrigeradores
- ❏ Tabla de mármol
- ❏ Tazones ❏ Temperadora: 0,5; 1, 3, 5, 10 o 15 o más kg.
- ❏ Temperadora/cubridora ❏ Termómetro de Chocolate
- ❏ Termómetro confitería
- ❏ Vibradora de moldes

Experto
- ❏ Aerógrafo ❏ Antorcha o soplete ❏ Balanza ❏ Bandejas
- ❏ Batidora de pedestal ❏ Batidora de mano ❏ Caja con fécula de maíz
- ❏ Base giratoria ❏ Carpeta de silicona ❏ Clavijeros
- ❏ Cocina ❏ Compresor de aire ❏ Congeladores
- ❏ Cortadores de rueda ❏ Cucharas medidoras ❏ Cuchillos
- ❏ Cucharas/Cucharones ❏ Estantes
- ❏ Equipo para cubrimiento de grageas y piezas (*Panning*)
- ❏ Equipos de prensado, refinado y conchado.
- ❏ Espátulas de pastelería y chocolatería ❏ Formas y perfiles varios
- ❏ Fundidora/calentadora 3, 6, 9, 12 o más kg. ❏ Guantes
- ❏ Guitarra de corte ❏ Horno de microondas
- ❏ Láminas de acetato texturizadas ❏ Mangas de pastelería
- ❏ Moldes de 1 a 5 kg ❏ Moldes profesionales ❏ Mesa de mármol
- ❏ Pinceles y brochas ❏ Pistola de aire caliente
- ❏ Refractrómetro ❏ Refrigeradores ❏ Regla ❏ Tazones
- ❏ Temperadora: 5 kg. Mín. ❏ Temperadora/cubridora
- ❏ Tenedores de chocolatería ❏ Termómetros de chocolatería
- ❏ Termómetro de confitería ❏ Túnel de enfriamiento
- ❏ Ultracongelador ❏ Vibradora de moldes

Ambiente
- ❏ Hasta 5 metros cuadrados ❏ Entre 5 y 20 metros cuadrados
- ❏ Entre 20 y 40 metros cuadrados ❏ Más de 40 metros cuadrados

- ❏ Aire Acondicionado ❏ Calefacción ❏ Iluminación fluorescente
- ❏ Iluminación incandescente

8. Actividades clave

El funcionamiento de tu negocio requiere la ejecución de actividades que se realizarán todos los días, cientos de veces al mes o millares al año. Sin embargo, en todo negocio hay un conjunto de actividades que constituyen su columna vertebral. Son aquellas actividades determinantes e indispensables para obtener los productos y servicios correctos y estables de manera repetible con plazos y costos conocidos. Por ello, llamaremos actividades clave a aquellas que son críticas para el éxito del negocio, es decir, que si fallan no obtendremos los resultados esperados.

Esas actividades por su frecuencia e importancia deben ser realizadas de la mejor forma posible. En ese sentido, consideramos ilustrativa la frase de Peter Drucker, gurú de la gestión empresarial, quien nos decía:

"Efectividad es hacer las cosas correctas, correctamente"

No avanzamos mucho si hacemos correctamente, las cosas incorrectas, o si hacemos incorrectamente las cosas correctas.

Sobre la base de la afirmación de Drucker sustentaremos el día a día de nuestro negocio. En ese orden de ideas, debemos:

En primer lugar, precisar cuáles son las actividades necesarias y suficientes para producir el valor que esperan los clientes. Esto es, según Drucker, "las cosas correctas".

En segundo lugar, determinar las mejores prácticas actuales para ejecutar las "cosas correctas, correctamente", es decir, realizarlas con la mejor utilización del tiempo y recursos con mínimos desperdicios. Es posible hacer esto si limitas la improvisación, diseñas a conciencia los pasos de cada actividad, aplicas las mejores prácticas, te aseguras de que cada quien sepa lo que debe hacer y trabajas metódicamente en la mejora continua ¿Parece abrumador? Pues, las apariencias engañan. Lo que normalmente abruma es el caos interminable que se origina cuando no dedicas tiempo a organizar las actividades y debes dedicar tu valioso tiempo a apagar fuegos sin parar.

Recuerda que miles de pequeños desperdicios de tiempo, energía y materiales debilitan a tu negocio. Sin pausa. Así que no lo permitas.

Importancia del diseño de las actividades

El diseño de las actividades tiene impacto directo en la operación, el consumo de recursos y la competitividad de tu negocio. Por tanto, prestar adecuada atención a la selección de las actividades de tu negocio y de la manera como se ejecuten es importante, entre otras razones, porque mejora la efectividad, optimiza el tiempo y movimientos y posibilita la gestión.

Examinemos estos tres elementos:

Efectividad. Una ejecución efectiva de actividades permite obtener el producto de la calidad ofrecida al cliente a la primera vez con el empleo del mínimo posible de recursos. El resultado de seguir un criterio de efectividad es una empresa esbelta, sin la "gordura" que significan los excesos o desperdicios de recursos o de personas en procesos inefectivos. Todo esto se traduce en mayores costos y menos posibilidades de éxito frente a un competidor más eficiente.

Tiempo y movimiento. Unas actividades planeadas cuidadosamente y de conformidad con el ambiente y el espacio permitirá un uso productivo de la energía y del tiempo en tu negocio. Por tanto, una disposición física de materiales y equipos, conocida en inglés como *lay-out*, establecida pensando en las repeticiones de las actividades diarias facilitará el trabajo y minimizará desplazamientos y riesgos. Un sencillo plano, dibujado a mano, será muy útil.

Gestión de tu negocio. El diseño de las actividades permite establecer las reglas para su realización, seguimiento y control. De esta manera, es posible su gestión, es decir tomar decisiones con información y no basado en el "yo creo", el entrenamiento de las personas y el mejoramiento continuo de las actividades.

Cadena de valor del negocio de chocolatería

Michael Porter, durante la década de los años ochenta, hizo un gran aporte a la competitividad de las empresas. Porter consideró que las empresas eran mejores - desarrollaban ventajas competitivas, en sus palabras- si ofrecían mayor y mejor valor que sus competidores. Su modelo, llamado la Cadena de Valor, describe como se crea el valor ofrecido al mercado a partir de la ejecución efectiva de ciertas actividades. Para ello las clasificó, a saber, en:

Actividades principales

Son aquellas destinadas a crear el valor del producto y los servicios asociados. Entre ellas, Porter identificó: La entrada de insumos, la producción, la logística de salida, el marketing y ventas y los servicios al cliente. Esto es lo central de tu negocio.

Actividades de apoyo

Por otra parte, Porter reconoce que existen actividades que aportan indirectamente a la generación del valor de los productos y servicios. Entre ellas, identificó: Compras, investigación y desarrollo de productos, gestión del talento de la empresa y la infraestructura de la empresa.

Emplearemos como referencia la Cadena de Valor de Porter para analizar las actividades clave en tu negocio de chocolatería. Cualquiera sea su tamaño y escala de producción, sea en tu propia cocina o en un gran local, en general, el negocio operará con estos elementos de la cadena de valor.

Antes de detallar las actividades clave, debemos establecer que, para que cada actividad sea realizada correctamente, es necesario precisar:

Finalidad de la actividad

Enunciar el resultado esperado. Establecer el estándar de resultado. Es decir, fijar lo que buscamos y qué es lo aceptable. Debe ser expresado tan precisamente como se pueda, para evitar equívocos o desviaciones. En ese sentido es indispensable el uso de mediciones o dimensiones.

Además, pueden ayudar imágenes, dibujos, diagramas o vídeos para expresar ese resultado. De esta forma, los involucrados tendrán una única referencia en la actividad.

Talentos, medios y ambiente requeridos para realizar la actividad

En esta sección identificamos a las personas, insumos y suministros, espacios y sus condiciones y los procedimientos para llevar a cabo la actividad. Veamos en detalle.

Personas entrenadas, con las destrezas y los conocimientos requeridos para ejecutar la tarea. El número de personas debe estar ajustado al volumen y escala de producción.

Los insumos y suministros. Los ingredientes y consumibles en la cantidad y condiciones necesarias para elaborar el producto.

Las maquinarias, utensilios y mobiliario que se emplearán. Los equipos en el número y capacidad de producción en la escala o tamaño de tu negocio.

Los espacios y las condiciones idóneas para la actividad. En la industria de alimentos son básicas las condiciones de higiene y seguridad alimentaria. Así, el diseño de procesos debe dar garantías de que los alimentos son libres de riesgos físicos, biológicos o químicos. El chocolate requiere, entre otras, condiciones adecuadas de humedad, temperatura, iluminación y ausencia de olores.

Los métodos y procedimientos estándar que permiten lograr el resultado esperado en la actividad. De forma tal que será muy útil investigar y estudiar sobre las mejores prácticas de la industria. Es vital que queden claramente establecidos, documentados y accesibles para quienes deban realizar esa tarea.

En particular, hay formulaciones que deben ser ajustadas o escaladas para una producción específica. En esos casos es útil contar con una hoja de cálculo que nos permita saber rápidamente las cantidades a emplear con exactitud.

De esta manera se evitarán desvíos que afecten la calidad esperada del producto. Entre los aspectos a expresar están: los pasos a ser ejecutados, las técnicas que se emplearán y el orden en que se ejecutarán las tareas.

Ahora sí, vamos a ver las actividades clave del negocio de chocolatería con el auxilio de la cadena de valor de Porter.

Actividades principales

Entrada

Una vez recibida la materia prima es fundamental mantenerla a buen resguardo, sin riesgos de daños por golpes o contaminación, humedad, temperatura o plagas. El chocolate es extraordinario absorbiendo olores, así que mucha atención a ese aspecto.

Así que debes destinar y mantener un espacio adecuado para colocar tus ingredientes.

Producción

Veamos a continuación las actividades de producción en la cadena de valor en chocolatería.

Pesado/Medido

El chocolate es valioso, al igual que todas las materias primas y materiales. Por ello, todos tienen precio. De manera que utilizar lo justo, sin desperdicio se convierte en la base de la productividad de tu negocio. Pesar y medir las cantidades, según la receta, los datos y utensilios siempre a mano, además de garantizar el resultado te permite conocer los rendimientos y cuidar el dinero de tu emprendimiento.

Fundido del chocolate

El proceso inicial para entrar en materia. Elevar la temperatura del chocolate hasta fundir todos los cristales que le dan su dureza. Aunque sencillo, este proceso no está exento de riesgos. Mencionaremos, al menos, dos principales: contaminar o quemar el chocolate.

Temperado

El proceso central del trabajo con el chocolate. Calentar, enfriar y calentar el chocolate hasta lograr que la manteca de cacao forme cristales robustos y permanentes.

Independientemente del método empleado, habrá que establecer un proceso que pueda ser repetido por personas diferentes con idénticos resultados.

Formación de producto: Mezcla/Batido/Horneado

Aquí se ramifican las actividades clave de producción de acuerdo a la especialidad de cada negocio y del tipo de productos.

El proceso de formación de producto, incluye algunos, varios o muchos, de los subprocesos que mencionaremos a continuación.

1. Preparación de postres/centros/rellenos.

2. Preparación de superficies/moldes

3. Formación de conchas/piezas

4. Relleno de conchas

5. Bañado/cobertura/armado o cierre de piezas

6. Enfriamiento-Ambiente/Refrigerador/Túnel

7. Desmoldado

8. Decorado del producto

En la medida en que sea más compleja la formación del producto, será más exigente la especificación de resultados parciales y la coordinación para el logro del producto final.

Empaque

Los procesos de empaque de productos de chocolatería requieren de método y cuidados para no afectar su calidad.

De manera que es importante identificar cada tipo de empaque y su proceso asociado, por ejemplo, si se trata de un producto individual, una presentación en caja o envoltura, o si empacaremos lotes de productos.

En general, todos los procesos deben culminar con la limpieza y ordenamiento de materiales, utensilios y máquinas, cada uno en su lugar, para que queden dispuestos para la próxima jornada. De esta manera se evitan pérdidas de tiempo, extravíos, desperdicios y la proliferación de plagas.

Logística de salida

Una vez que los productos están terminados y listos para su entrega faltan algunas actividades en su camino hacia el cliente.

En ese sentido, consideraremos las siguientes:

Almacenamiento de productos libre de riesgos por golpes, caídas o aplastamiento y en condiciones adecuadas de temperatura, humedad e iluminación y ausencia de plagas, olores y de contaminantes.

Manejo y despacho con higiene y seguridad para su entrega en la cantidad, momento y lugar acordados con el cliente. Emplear transportes libres de contaminantes y elevadas temperaturas. Considerar las rutas y horas para facilitar desplazamientos seguros.

Marketing y Ventas

En esta sección consideramos las actividades clave destinadas a posicionar la marca en el segmento de mercado y a apoyar la conversión en ventas. Para ello, será necesario considerar la especificación detallada de cada una de ellas, cualesquiera que sean los canales de promoción y ventas, que hemos tratado en el capítulo 4, y de los flujos de ingresos correspondientes, que fueron tratados en el capítulo 6, que sean parte del negocio.

Servicios de atención al cliente

La relación con los clientes es parte del capital intangible de la empresa, tal como hemos visto en el capítulo 5, "Relaciones con los clientes". Por tanto, será necesario identificar y diseñar las actividades clave para ese aspecto vital del negocio. En general, podemos identificar tres actividades principales: honrar garantías, ofrecer información al público y manejar quejas y reclamos.

En estas actividades es muy frecuente que haya un alto componente emocional. Por tanto, debemos prestar adecuada atención a su diseño y al entrenamiento de las personas que la lleven adelante. Además, ofrecerles los recursos de apoyo que hemos identificado en el capítulo 5, para que ejecuten exitosamente esa labor crítica para la conservación de la relación con el cliente.

Actividades de apoyo

Aunque no agregan directamente valor al producto, las actividades de apoyo sustentan la operación del negocio con aportes oportunos y pertinentes. De allí su importancia, pues actividades de apoyo insuficientes, tardías o no alineadas con las principales afectarán la competitividad de tu negocio. Al inicio, serán parte del todo que manejas, aunque posteriormente podrás delegarlas.

Las actividades de apoyo son: abastecimiento, investigación, desarrollo e innovación, gestión de personal e infraestructura.

Abastecimiento

El suministro oportuno en cantidad y calidad de los ingredientes e insumos necesarios para la producción es una actividad vital.

En los inicios quizás compres justo lo que necesitas para producir un lote. Luego, comprarás cantidades mayores. En ese momento, debes considerar el ritmo de consumo en la producción, espacios y condiciones de depósito, el período de vida o frescura, el costo de oportunidad de usar el dinero en esta compra y no en otra, entre otros aspectos. Todo esto para saber cuándo comprar y tener la información de proveedores para saber a quienes comprar.

De manera que una actividad de compras con un poco de organización, no tiene que ser un departamento o alguien dedicado solo a esto, garantizará una operación fluida y sin tropiezos.

El abastecimiento incluye el transporte de esas mercancías hasta la sede de tu negocio, por tanto, también es necesario manejar las opciones disponibles para el traslado en las condiciones que requieren el chocolate y los otros insumos.

Investigación, desarrollo e innovación (I+D+I)

El motor del movimiento económico de estos tiempos es la innovación. De modo que los negocios que permanecen con una propuesta estática corren el riesgo de ser desplazados por sus competidores.

La innovación aporta mejoras parciales o novedades absolutas. Esto abarca a los productos, empaques, procesos y hasta la manera como está organizado tu negocio. De esa forma se pueden lograr no solamente productos con mejores resultados para el cliente, sino que también los procesos pueden ser más rápidos, limpios y eficientes. Todo ello redunda en mayor valor para tu propuesta, una mejor experiencia para el cliente y en una rentabilidad superior para tu negocio.

La innovación puede depender o no de actividades, experimentos o pruebas de I+D+I que realices en tu negocio. Puesto que también la innovación puede ser el resultado de la evaluación de tecnología, los equipos o procesos que podrían ser adquiridos e integrados a tus procesos actuales.

Los planes de la empresa y sus objetivos servirán de orientación a las prioridades para las actividades de I+D+I. Es muy importante recordar que la innovación debe obedecer a un plan, método y condiciones conocidas y controladas, de esta manera evitaremos situaciones caóticas en los procesos o productos, resultado de iniciativas aisladas de personas voluntariosas.

Gestión de personal

Tu negocio requiere de personas con las aptitudes y actitudes precisas para su mejor desenvolvimiento. De manera que, con departamento de personal o sin él, debes tener clara, y documentada, la idea del perfil para cada cargo.

Los subprocesos de reclutamiento, contratación, inducción y entrenamiento deben ser realizados a conciencia y sin prisas, puesto que consumen recursos importantes, peor aún si deben repetirse con frecuencia. Si no puedes atenderlos, hay personas o agencias que pueden hacer el trabajo por ti.

Por otra parte, tenemos la motivación y el ambiente laboral. Además de un salario justo, debes procurar que las personas tengan la moral alta. Esto es que se sientan valoradas, capaces y con ganas de superarse cada día. Si quieres tener clientes encantados, pues antes deberás tener empleados encantados.

Infraestructura de la empresa

En esta parte consideraremos todas las actividades que permiten ofrecer información para efectos legales, tomar decisiones y conducir el negocio. Un tomador de decisiones que no sabe, o adivina, puede poner en riesgo a la empresa. Pues bien, contar con información exacta, oportuna, pertinente y verificable es el resultado de actividades diseñadas y gestionadas para ese fin.

Entre estas actividades tenemos la administración, la contabilidad propia o externa y las finanzas. Todas ellas requieren de registros y procedimientos que permitan ubicar en el tiempo y en el espacio los hechos y los recursos.

En muchas pequeñas iniciativas, inmersas en el agobio del día a día, estas actividades no son valoradas en su papel vital para la existencia del negocio, ni en sus exigencias de planeación y recursos. Finalmente, con demasiada frecuencia, quedan en manos de una única persona. El caos surge cuando esta persona toma vacaciones o, peor aún, se marcha cansada de tanto estrés.

De manera que una buena práctica, recomendable desde los inicios, es tomar debida atención para organizar este aspecto. Cierto, tiene su esfuerzo, pero rinde extraordinarios beneficios.

Esta revisión de las actividades clave generales del negocio de chocolatería nos muestra de forma resumida su operación total. No la hacemos para que te intimides o asustes, sino para que tengas una idea clara de sus dimensiones y puedas establecer las prioridades adecuadamente.

En conclusión, en el negocio no debemos dejar procesos clave al azar. Todas las actividades clave deben ser diseñadas para minimizar desperdicios de tiempo, materiales, energía, espacios, dinero y desplazamientos e igualmente deberán contemplar entrenar tenazmente a las personas en su ejecución.

Asimismo, todas las actividades deben estar justificadas, es decir, cada una debe agregar valor reconocible al producto o servicio. Una actividad que no agregue valor, solo agrega costo. Así que, puedes eliminarla sin problemas. También, debemos estar atentos a las oportunidades de mejora en las actividades clave. Obviamente, siguiendo un método de mejora continua para realizarlo efectivamente y sin caos. Este tema es detallado en nuestro libro dedicado a la gerencia del día a día.

Finalmente, debemos estar atentos a las posibles desviaciones, las inquietudes y cambios en las tendencias de los clientes.

Ahora, te invitamos a realizar un ejercicio. El objetivo es que te formes una idea de lo que será la operación del negocio que imaginas.

Ejercicio 8
Actividades principales y de apoyo en tu negocio

El presente ejercicio está destinado a que formules una visión integrada de las actividades principales y de apoyo para tu negocio.

Puedes escoger tantas opciones como creas conveniente. A partir de tu selección, podrás escribir los pasos y detalles críticos de cada actividad.

En www.danielrojasrivero.com podrás descargar las plantillas para completar el ejercicio.

Actividades primarias de tu negocio

Entrada
- ❏ Organización de materia prima, materiales e insumos.
- ❏ Almacenamiento y conservación

Producción
- ❏ Organización y disposición física de materia prima, utensilios, equipos y consumibles según receta

Fundido de chocolate
- ❏ Baño de maría ❏ Microondas ❏ Fundidora
- ❏ Fundidora/Temperadora ❏ Otra

Temperado de chocolate
- ❏ Tableado ❏ Sembrado ❏ Manteca de cacao ❏ Temperadora ❏ Otra

Formación del producto
- ❏ Preparar postres   ❏ Preparar centros   ❏ Preparar rellenos

- ❏ Preparar superficies ❏ Preparar moldes
- ❏ Formación de conchas ❏ Formación de piezas
- ❏ Relleno de conchas ❏ Relleno de postres
- ❏ Bañado/Cobertura de piezas ❏ Armado de postres
- ❏ Cierre/Tapado de moldes
- ❏ Enfriamiento en ambiente   ❏ Enfriamiento refrigerado
- ❏ Túnel de enfriamiento

❏ Desmoldado ❏ Decoración de postres
❏ Preparar para el manejo y traslado
❏ Otra:

❏ Lavado, secado y guardado de utensilios
❏ Limpieza de mobiliario, equipos y espacios

Empaque
❏ Producto individual ❏ Presentación caja/envoltura ❏ Otra:

❏ Limpieza de mobiliario, equipos y espacios

Salida
❏ Almacenamiento de productos ❏ Embalaje de lote de productos
❏ Despacho ❏ Otra:

Marketing y Ventas
❏ Plan de promoción anual ❏ Preparación de Promoción permanente
❏ Promoción permanente ❏ Preparación de promociones estacionales
❏ Realización de promociones estacionales
❏ Contenidos promocionales en redes sociales
❏ Otra:

Ventas
❏ Planeación ❏ Atención al público ❏ Toma de pedidos
❏ Facturación ❏ Cobranza
❏ Otra:

Servicios de atención al cliente
❏ Satisfacción de garantías ❏ Información al público
❏ Manejo de quejas y reclamos
❏ Otra:

Actividades de apoyo de tu negocio

Abastecimiento
❑ Búsqueda ❑ Compra ❑ Transporte ❑ Otra:

Investigación, Desarrollo e Innovación
❑ Mejora de productos ❑ Nuevos productos ❑ Mejora empaques
❑ Nuevos empaques
❑ Mejora de procesos ❑ Nuevos procesos ❑ Evaluación de Tecnología
❑ Desarrollo de Tecnología ❑ Otra:

Gestión de Personal
❑ Reclutamiento ❑ Contratación ❑ Inducción ❑ Entrenamiento
❑ Remuneración justa ❑ Ambiente laboral ❑ Reconocimiento
❑ Motivación ❑ Otra:

Infraestructura de la empresa
❑ Administración ❑ Contabilidad Propia
❑ Contabilidad Externa ❑ Finanzas
❑ Otra:

9. La red de tu negocio

Vivimos tiempos favorables para el diseño de negocios. El acceso a bienes y servicios se ha flexibilizado. Asimismo, nuevas ideas permiten alianzas con beneficios mutuos. De esta manera, es posible crear un negocio que pueda funcionar y producir como si fuera más grande.

De acuerdo con esto, el diseño de tu negocio debe incluir el desarrollo de un tejido de vinculaciones escogidas y negociadas para potenciar su operación.

En virtud de ello, la red de tu negocio es:

El conjunto de personas y empresas que pueden suministrar, regularmente y de manera segura, productos, servicios, apoyo y colaboración para el logro de los fines de tu iniciativa.

Los miembros de la red de tu negocio pueden ser de dos tipos: proveedores de bienes y servicios y aliados.

Las relaciones con los miembros de la red pueden ser informales o mediante contrato. Lo importante es que los flujos de bienes, servicios y comunicaciones se materialicen efectivamente con las características, en la cantidad, momento y lugar adecuados.

Ventajas de la red de tu negocio

La red de tu negocio tiene unas ventajas importantes:

A. Disminuye la inversión total de capital.

B. Posibilita el acceso a recursos costosos en la medida en que se necesitan.

C. Permite que te concentres en las actividades de producción.

D. Puedes cambiar de proveedor cuando lo consideres conveniente.

Ciertamente que no tendrás el control sobre ciertas operaciones que realicen los aliados. De allí la importancia de contar con aquellos que cumplan los compromisos adquiridos. De acuerdo con esto, su selección debe ser rigurosa puesto que, en definitiva, es tu negocio el que se beneficiará o perjudicará con el accionar de los aliados.

Miembros de la red de tu negocio

Básicamente, consideraremos dos tipos principales de miembros de la red de tu negocio. Estos son: Proveedores y aliados. A continuación, examinaremos cada uno de ellos.

Proveedores

En este apartado incluiremos a todas aquellas empresas o personas que producen, venden y distribuyen los bienes y servicios que requerimos en el negocio.

En particular, al pensar en la red de tu negocio, debemos escoger proveedores con un perfil especial. Se trata de los proveedores seguros.

Proveedor seguro

Es aquel proveedor que ofrece constantemente materias primas, insumos, equipos y servicios de la calidad que requieres en la cantidad, el momento y el lugar acordado previamente.

Es enormemente valioso para tu negocio poder contar con la seguridad de que el proveedor te cumple. Eso no tiene discusión.

Es cierto que los proveedores seguros pueden tener precios más altos, sin embargo, cuando comparamos costos con beneficios se revela una verdad indiscutible: Al valorar los costos totales, es decir, no solo el costo del producto, el proveedor seguro ofrece costos menores que uno no seguro.

Un proveedor "no seguro" puede fallar de formas diversas. He aquí algunas de ellas:

No siempre tiene lo que necesitas.
No tiene lo requerido en las cantidades necesarias.
No tiene productos frescos.
No tiene servicios o productos confiables.
No entrega/llega a tiempo.
No mantiene precios.
No cumple lo acordado.
No piensa en contribuir con tu negocio sino más bien en su propia meta de ventas.

Así podríamos mencionar muchas otras situaciones. Sin embargo, en todas ellas, tú y tu negocio siguen teniendo que responder a sus clientes, por tanto, debes maniobrar con prisa, y mayores costos, para cubrir la falla de ese proveedor, o correr el riesgo de afectar la calidad de tus productos y servicios. Es decir, ahora debes evitar que tu negocio sea un proveedor no seguro.

Por otra parte, si decides comprar esos suministros en cantidades "por si acaso" podrías incurrir en mayores costos, pues al dinero inmovilizado en la compra, que ahora no podrás usar para otra cosa, deberás sumar los costos de almacenamiento, transporte, vigilancia, seguro y el riesgo de pérdidas.

En la práctica, un proveedor seguro de materia prima e insumos es como tener a disposición un almacén propio sin los costos ni riesgos asociados. Un proveedor seguro tiene muchas ventajas, así que lo mejor es aprovecharlas.

Asimismo, en materia de servicios, un proveedor seguro permite disponer de los recursos de otros o de la atención necesaria justo cuando lo requieres, se trate de un servicio de transporte, fotografía, gas, internet o plataformas de pago.

Vamos a considerar dos tipos de proveedores de materia prima e insumos, cada uno acorde al tamaño y escala de producción de tu negocio. Consideraremos los proveedores al detalle y al mayor.

Proveedores al detalle

Son los establecimientos donde habitualmente puedes hacer compras de ingredientes e insumos en empaques individuales de un kilogramo o menos, o también, a granel de las cantidades que necesitas, tal como ocurre en las tiendas de ingredientes de repostería. Evidentemente que la facilidad de comprar pequeñas cantidades conlleva un precio mayor. Sin embargo, estos proveedores son la opción inmediata para quien se inicia en un negocio.

Proveedores mayoristas

En estos proveedores puedes comprar productos por cajas, docenas, sacos, litros o galones, con un ahorro significativo en el precio unitario de los productos. Además, al realizar menos compras, ahorrarás en los costos de transacción, es decir, menos tiempo, desplazamientos, llamadas, pagos u otras actividades para tramitar una compra.

En general, detallistas o mayoristas, nuestros proveedores seguros podrán suministrar a tu negocio, principalmente: materia prima, insumos y consumibles; equipos, utensilios, mobiliario, empaques, servicios de transporte y entrega, servicios de fotografía, servicios de diseño, servicios de *community manager*, servicios de plataforma de pago y servicios de internet. Examinaremos ahora a los proveedores de cada uno de estos renglones.

Proveedores seguros de materia prima, insumos y consumibles.

Este grupo de empresas permitirá que tu negocio cuente, justo a tiempo, con las materias primas e insumos en las cantidades necesarias.

Beneficios:

A. Reduces el capital necesario para comprar cantidades.
B. Requiere un menor espacio para almacenamiento.
C. Disminución de riesgos de pérdidas.
D. Eliminación de costos de vigilancia y seguro.

Proveedores seguros de instalaciones de producción

La posibilidad de alquilar total o parcialmente una cocina para que te encargues de producir. Esta opción puede presentarse porque haya cocinas industriales destinadas a la renta o porque alguna empresa rente un turno de trabajo de sus instalaciones.

El principal beneficio es que no tienen que invertir en local, maquinaria y utensilios. Por lo demás, será tu responsabilidad gestionar tu empresa.

Proveedores seguros de manufactura (Subcontratación, *outsourcing*)

En algunos casos puedes contratar tu producción con un tercero. Ese proveedor, bajo tus especificaciones, manufactura tus productos en sus instalaciones a cambio de un pago. Suelen ser contratos por volúmenes de producción o por un período de tiempo dado.

Beneficios:

A. Conoces el costo exacto de cada producto.
B. No inmovilizas dinero al invertir en local y maquinaria.
C. Puedes dedicarte a otras áreas del negocio.
D. Simplificas la gestión de las operaciones.

Esta opción involucra una evaluación a cabalidad de las características y trayectoria del proveedor, pedidos y compromisos legales.

Proveedores seguros de transporte

Estos aliados permitirán que las materias primas e insumos, así como los productos terminados lleguen de manera segura y puntual a su destino. El auge de los servicios de delivery, sean vía Apps o no, otorga otra interesante opción para el transporte en tu negocio en aquellos lugares donde ya están funcionando.

Beneficios:

A. Conoces el costo exacto de cada envío.
B. Entregas simultáneas en varios lugares de la ciudad o del país.
C. No inmovilizas dinero en compra o alquiler de vehículos.
D. No tienes conductores contratados.
E. No hay costos de seguro y mantenimiento de vehículos.
F. Disminución de riesgos de accidentes en tu empresa.

Proveedores seguros de gestión de comunicaciones

Tu tiempo como emprendedor y empresario es muy valioso para tu negocio. Inicialmente podrías manejar las actividades de comunicación. No obstante, a medida que creces se complica que gestiones personalmente la redacción de textos, diseño gráfico, fotografía, impresión y manejo de la publicidad y de las redes sociales de tu negocio.

Por lo que, llegado el momento, requerirás de apoyo total o parcial de aliados especializados en estos aspectos, quizás desde otro lugar del mundo a través de internet. Esto te permitirá ofrecer un nivel profesional a la identidad y comunicaciones del negocio. Un manual de estilo, donde estén recogidas tus ideas y lo que deseas comunicar, será muy útil para que el perfil en redes de tu negocio conserve sus características aun cuando no las manejes directamente.

Beneficios:

A. Obtendrás tiempo para dedicarte a hacer crecer tu negocio.
B. Publicaciones constantes reforzarán el crecimiento de tu negocio en las redes.
C. Comunicaciones de nivel profesional que los clientes notarán, sin dudas.

Proveedores seguros de locales

A la hora de rentar un local es vital que el arrendador otorgue condiciones claras y razonables en el plazo de renta del local y en el monto a cobrar.

Beneficios:

A: Elimina la inmovilización de capital que significa la adquisición de un local.
B. Facilita la movilidad del negocio, si hiciera falta.
C. Permite la colocación del capital en otras áreas del negocio.
D. La localización adecuada aportará tráfico de potenciales clientes.

De manera que la búsqueda y selección de proveedores es una actividad que merece atención y tiempo para que rinda los mejores beneficios a tu negocio.

Aliados

A través de alianzas los negocios logran desempeños que serían inalcanzables solo con sus propios recursos. Las alianzas, a través de las cuales empleas capacidades de otros, se establecen de común acuerdo, pueden ser puntuales o prolongadas, y operar mediante pago, o sin él.

Una adecuada selección de los posibles aliados, unas condiciones claras y la responsabilidad para respetar y cumplir los acuerdos permitirán que cuentes con una red de aliados efectiva.

De acuerdo a los fines y la naturaleza de la alianza, sus beneficios y modalidades de relación, podemos clasificar a los aliados en: colaborativos, complementarios, cooperativos y gremiales. Echemos una mirada a cada uno.

Colaborativos

Un negocio presta apoyo, da acceso a sus recursos o brinda un servicio a otro, mediante un pago o sin él. En ocasiones, se presenta un intercambio de apoyos para beneficio mutuo. A continuación, algunos ejemplos.

Un comercio vecino que reciba los pagos de tus ventas en su punto de venta. En estos casos es usual pagar por el uso. Puede haber limitaciones legales.

Un negocio vecino permite que uses parte de su estacionamiento.

Una tienda vecina que permite el uso de su red inalámbrica para acceder a Internet.

La relación entre aliados colaborativos se sustenta en que eventualmente cada uno puede ofrecer sus fortalezas. Eso establece una cierta ética. Si no estás dispuesto a dar apoyo a un aliado que lo requiere, mejor no aceptes el suyo.

Complementarios

Este es el caso de los negocios de ramos diferentes, con un segmento de clientes común, que se ayudan mutuamente para impulsar sus ventas.

En chocolatería, algunos de los potenciales aliados complementarios serían: floristerías, librerías, tiendas de regalos, tiendas de artículos para fiestas y empresas de catering de comida salada, entre otros.

Algunos de los medios para materializar la ayuda serían:

Un volante en el mostrador del aliado con la información de tu negocio.
Una promoción por cada compra en el aliado.
Una referencia en las redes sociales o en la página web del aliado.

Es importante aclarar desde el principio, en detalle y sin prisas, las condiciones y duración del convenio o de la promoción. Así como la distribución de los gastos, si los hubiera. De esta manera se evitarán malos entendidos e interpretaciones dispares que pongan en peligro la alianza.

Cooperativos

En esta sección incluiremos a los negocios que suman esfuerzos y recursos para alcanzar logros o beneficios difíciles de obtener individualmente.

Este es el caso de negocios vecinos que se unen para resolver problemas comunes, tales como: vigilancia, mensajería o limpieza, entre otros.

Asimismo, pueden ser negocios de ramos diferentes que unen esfuerzos para alcanzar una meta, como participar en una feria o exposición. En ocasiones pueden ser aliados complementarios o proveedores seguros, por ejemplo, tu negocio de chocolatería con fotografía o con proveedores de decoración de fiestas.

Igualmente, pueden ser negocios del mismo ramo, competidores entre sí, que unen sus esfuerzos para contratar y cumplir un pedido muy grande, como sería en el caso de una chocolatería y una dulcería.

En todos los casos, la cooperación significa desprendimiento o aporte de algo para obtener el beneficio mutuo, por tanto, debemos estar seguros de que las partes comprenden totalmente los compromisos que adquieren.

Gremiales

Este grupo lo conforman asociaciones, cámaras, gremios e instituciones que reúnen a negocios o personas para la defensa o beneficio de sus miembros.

Entre los fines de estas organizaciones tenemos:

A. Representar al sector en instancias regionales, nacionales e internacionales.
B. Defender los intereses colectivos del sector frente a acciones de terceros.
C. Aumentar la visibilidad del sector de la chocolatería.
D. Propiciar oportunidades de negocios.
E. Promover iniciativas legales para el crecimiento y fortalecimiento del sector.
F. Promover la productividad, calidad y competitividad de sus miembros.

Aunque es muy frecuente que la participación de las empresas en estos gremios se limite al pago de una cuota y a la asistencia a reuniones o eventos, queremos destacar la importancia de intervenir en las actividades que beneficien al colectivo.

En este punto podemos concluir que cultivar un grupo de aliados adecuados y duraderos es una actividad vital para el éxito de tu negocio.

En síntesis, la red de proveedores y aliados de tu negocio es un punto de apalancamiento para lograr grandes cosas. Actualmente, el también llamado trabajo de *networking* es indispensable para salir adelante con recursos y tiempo limitados.

De manera tal que es recomendable que la incluyas en el diseño y emprendas su tejido a conciencia. Es un proceso en el que deberás evaluar las cualidades y valores de los potenciales aliados porque después de todo, la red de tu negocio no se puede comprar, pues será única, por lo que no puedes dejarla de lado ni, tampoco, que sea solo resultado de la suerte.

Ejercicio 9
Proveedores y aliados en la red de tu negocio

El siguiente ejercicio tiene como fin que consideres el panorama general de las alianzas necesarias y, al mismo tiempo, estimular nuevas ideas para que desarrolles la red de tu empresa para potenciar su alcance y escala.

Puedes seleccionar tantas opciones como creas conveniente.

En www.danielrojasrivero.com podrás descargar las plantillas para completar el ejercicio.

Proveedores seguros
- ❏ Materia Prima ❏ Insumos ❏ Equipos ❏ Utensilios
- ❏ Espacios ❏ Empaques ❏ Mobiliario
- ❏ Servicios de transporte y entrega ❏ Servicios de fotografía
- ❏ Servicios de diseño ❏ Servicios de *community manager*
- ❏ Servicios de plataforma de pago ❏ Servicios de telefonía/Internet
- ❏ Servicios de alojamiento/web ❏ Servicios públicos básicos
- ❏ Contrata de producción a terceros (Subcontratación, *outsourcing*)
- ❏ Renta de instalaciones de producción (Cocina industrial)

Aliados

Colaborativos
- ❏ Uso de terminal de pago/punto de venta
- ❏ Uso de código de compra al mayor
- ❏ Acceso a red inalámbrica ❏ Acceso a estacionamiento ❏ Otro:

Complementarios
- ❏ Floristerías ❏ Librerías
- ❏ Tiendas de regalos ❏ Tiendas de artículos para fiestas
- ❏ Empresas de catering de comida salada ❏ Otro:

Cooperativos
Empresas: ❏ Vecinas ❏ Otro ramo ❏ Mismo ramo ❏ Otro:

Gremiales
Gremios: ❏ Pequeñas empresas ❏ Chocolateros ❏ Otro:

10. Costos, precios y márgenes

"No existen los almuerzos gratis"
Dicho de la jungla económica

Los emocionantes avances en el diseño de tu negocio de chocolatería nos han traído hasta el territorio de los fríos números. Aquí, con hechos y cifras examinaremos tu iniciativa de negocios y sus posibilidades de manera sencilla, pero suficiente para este momento de su desarrollo.

A modo de introducción al tema, no vamos a plantear un tratado de costos ni de contabilidad, solamente vamos a establecer algunas nociones básicas con dos objetivos:

El primero, destacar la importancia vital de la contabilidad en tu negocio, no solamente como una obligación legal, sino como el verdadero mecanismo para conocer finalmente los resultados de ganancias o pérdidas. En segundo lugar, orientar inicialmente el manejo adecuado y formal de los costos, precios y márgenes en tu negocio.

Con esta finalidad, diremos que nos concentraremos en los aspectos que corresponderían a la contabilidad de costos dentro de un sistema de costos empresarial. Esto significa que obtendremos información necesaria para tomar decisiones con base cierta sobre el modelo que vas diseñando. Según avance el negocio en marcha será necesario manejar integralmente un sistema de costos.

En ese orden de ideas, supongamos que decides hacer unos rizos de chocolate para venderlos. Hagamos un recorrido por todo el proceso. Iniciaremos con la compra del chocolate. Pudiéramos ir, y regresar, a pie, en auto o transporte público. Esperamos mientras atienden a otros clientes.

Pedimos un kilo de chocolate oscuro. Regresamos unos 40 minutos después. En nuestra casa ocuparemos la mesa, un tazón, la estufa, hornilla u hornalla, una olla, cuchillo, espátula de repostería, mejor si tienes termómetro de chocolate, papel encerado, otros recipientes, papel absorbente, paños de cocina y otras cosas.

Así que, antes de comenzar, organizamos todo para que no haya demoras ni olvidos. Cortas el chocolate en trozos más o menos del mismo tamaño. Fundes dos tercios del chocolate en baño de maría. Mides la temperatura y agregas el tercio de chocolate restante. Revuelves para enfriar. Haces la prueba de temperado. Extiendes el chocolate. Esperas, marcas y haces los rizos. Una hora más. Listo, tenemos nuestros rizos. Supongamos que salieron unas 60 unidades.

Seguidamente, los arreglamos en un recipiente o empaque y estarán listos para la venta. A continuación, limpiamos y recogemos. Otros veinte minutos. Hasta aquí, hemos empleado dos horas de nuestro tiempo.

Finalmente, los ofreces en venta en redes sociales o en tu trabajo. ¡Ah, recuerdas que debes ofrecer servilletas! Quizás debas obsequiar algunos como muestra. Los vendes y cobras, ojalá sea de contado.

Muy bien, ahora surgen algunas preguntas interesantes, como las siguientes:

¿Cuánto cuesta cada rizo de chocolate?

¿Cuál sería el precio de venta de cada uno?

¿Cuánto me dejaría hacer y vender estos rizos de chocolate?

La respuesta a la primera pregunta surge de la suma de los recursos, esfuerzo y tiempo empleados en la producción, promoción y venta de los rizos.

La segunda repuesta depende de la primera y de otros elementos como el precio de mercado de productos similares, así como también de lo que tus clientes estén dispuestos a pagar por esos deliciosos rizos de chocolate.

La tercera respuesta la obtendremos con la diferencia entre los ingresos por venta y todos los costos involucrados.

Sin embargo, hay otras preguntas que pueden surgir y cuya respuesta te ayudará a tomar decisiones, tales como:

¿Cuánto es el porcentaje que me deja vender los rizos?

¿Cuántos de esos rizos debo vender para pagar todos los costos y gastos?

¿Cuál monto es el monto en monedas que debo vender para empezar a producir beneficios?

A partir de este sencillo ejemplo nos adentraremos en el tema de los costos, precios y márgenes en tu negocio de chocolatería. En relación con eso, es muy importante que tengas claras tus expectativas razonables de ganancias para sentir que vale la pena dedicarte a este negocio y no a otro. Esa es una de las razones por las que es indispensable manejar los conceptos que presentaremos en este capítulo.

Costos

En particular, costo es el valor monetario equivalente a la cantidad total de los recursos, esfuerzo y tiempo utilizados en la producción, promoción, venta y entrega de bienes o servicios a los clientes, es decir, en la creación del valor que ellos perciben y prefieren.

Tal como podemos concluir de nuestro ejemplo, el costo es un resultado; sea que consideremos un producto en particular, un lote de productos o toda la operación del negocio durante un período de tiempo. Esta última es la verdadera manera de conocer si obtuviste utilidades o pérdidas, usualmente cubriendo un período fiscal. Sin embargo, manejar la noción de costos cada día y contar con un buen seguimiento de ellos es indispensable para la toma de decisiones adecuadas y la supervivencia del negocio.

Importancia de conocer los costos

En tu negocio de chocolatería, y en cualquier otro, es vital que conozcas los costos en que incurres. Todos. Hay algunos evidentes y otros que no lo son. Algunos se pueden conocer de inmediato y otros solamente al final de un período de operaciones. La reflexión es que para producir unos rizos de chocolate una sola vez, quizás no importen tanto, pero cuando la idea es que tu negocio se sustente y produzca beneficios, hay decisiones vitales para lograr esos objetivos que dependen de la gestión de costos, esto es planificarlos, conocerlos, representarlos y evaluarlos.

En ese sentido, gestionar costos significa, entre otras cosas: establecer costos de referencia o costos estándares, conocer los costos reales en que has incurrido, comparar los costos reales y los costos de referencia y tomar decisiones en consecuencia.

I. Establecer costos de referencia o estándares.

Siempre debemos tener una idea o referencia de antemano, mientras más precisa mejor, de los costos de producción de un producto o en cualquier otra actividad o proceso, regular o extraordinario, de tu negocio. Al inicio, como en nuestro ejemplo de los rizos de chocolate, puede ser una idea. Luego, en la producción cotidiana esa referencia de costo será un estándar o norma que debe ser alcanzado, para ello es indispensable identificar todo lo necesario para la producción y asignar un valor a lo consumido.

II. Conocer los costos reales

Esto significa monitorear en detalle las actividades efectivamente realizadas y reconocer en ellas todo lo gastado, consumido, empleado, utilizado o pagado y dejar registro legible o recuperable. Quizás al leer esto te fastidie un poco la idea, sin embargo, esta tarea tiene excelentes resultados para contar con datos reales y no suposiciones para gestionar tu negocio.

Es tal sentido, es bueno recordar que una cosa dice la receta y otra puede ocurrir en la realidad con los ingredientes efectivamente consumidos, sea en el producto, en el proceso o fuera de él, por las razones que sean. De modo que, para evitar desagradables sorpresas, es mejor corroborar con la realidad.

III. Comparar los costos reales y los costos de referencia

Verificar la realidad pura y dura de los hechos cumplidos con tus recetas, referencias o estándares de costos te permite tener un indicio serio de cómo van las cosas. Si es evidente e inmediato que trabajas con márgenes positivos o si pierdes dinero.

IV. Tomar decisiones en consecuencia

La comparación de los costos reales con los costos de referencia tiene tres resultados posibles: que sean iguales, mayores o menores. Veamos cada uno.

Costos reales iguales a costos de referencia.

Meta alcanzada. Sigamos trabajando así, aunque deberemos considerar siempre la posibilidad de mejorar continuamente.

Costos reales superan a los costos de referencia

En este caso deberemos actuar para evitar que ocurra de nuevo. Así, supongamos que ofreciste los productos a un precio de acuerdo con tus costos de referencia y, ahora, te das cuenta de que los costos reales te han dejado con poca o ninguna contribución a las utilidades.

Evidentemente, es necesario precisar qué ocurrió. Investiga en el diseño de los procedimientos, si las personas están entrenadas y cumplen lo establecido, en los ingredientes, los equipos, el ambiente utilizados y las medidas aplicadas hasta dar con el origen de esa situación y bloquearlo para evitar que se repita. De lo contrario, si lo dejas pasar, puede convertirse en una realidad de hecho ajena a tus planes e intereses.

Asimismo, no te quedes con la primera respuesta, profundiza con otras preguntas. Por cierto, con este cliente ya es un hecho cumplido, perdiste, forma parte del pasado, y así debes asumirlo sin afectarlo ni cambiar las condiciones pactadas y seguir adelante. Las "pérdidas" en este caso serán el costo del aprendizaje. Recuerda que en los costos va la vida del negocio y perder clientes puede ser muy costoso y por mucho tiempo. Basta que relate su mala experiencia cada vez que tenga oportunidad.

Al investigar lo ocurrido descubriremos situaciones "normales", en realidad anormales, como: desperdicios de materiales y tiempo, pérdidas o robos de materiales y productos terminados, costos ocultos debidos a equipos de funcionamiento defectuoso, errores en la conversión de unidades de medida, un costo estándar desactualizado o erróneo y un sin fin de posibles causas.

Puede ser que la causa de ese exceso en los costos sea excepcional como un accidente con el recipiente de chocolate o, algo común, como un error en el proceso de cálculo. En todo caso, contar con costos de referencia y con costos reales siempre será mejor que no tenerlos, pues te permitirá detectar problemas y trabajar para aplicar acciones correctivas.

Costos reales menores que los costos de referencia

En esta situación, el resultado tampoco es lo esperado, así que investigaremos para ver si todos los recursos consumidos fueron registrados o si, por el contrario, efectivamente se consumieron los que estaban previstos.

En un caso u otro, tenemos el aprendizaje y la oportunidad de mejorar para que no se dejen de contabilizar recursos consumidos o que realmente se empleen todos los necesarios para que el producto tenga la calidad que el cliente espera.

De la misma manera, es posible que haya habido un uso más eficiente de los recursos con un ahorro significativo, en ese caso, también hay un aprendizaje que aprovechar para que ese logro sea permanente. En definitiva, todo en beneficio de la efectividad de tu negocio.

Reducción de costos

Entre la verdad y el mito, la reducción de costos es una actividad legendaria en los negocios. Surge casi automáticamente en el momento en que te das cuenta de que los resultados en monedas no son los esperados. La primera idea que viene a la mente es reducir los costos.

Sin embargo, muchas veces no está muy claro lo que esto significa. No es un desafío sencillo. No obstante, no pocas veces la reducción de costos es impulsiva y urgente. Esto, en muchos casos, termina en perjuicio para el emprendimiento. Haremos un análisis desde el punto de vista de causas y consecuencias, mas no de la rama de la ciencia que estudia los costos en la que no somos especialistas. Así que atención.

Ahora revisaremos algunas de las más tentadoras decisiones para reducción de costos que no ayudan a controlar costos y que empeoran la situación.

Reducir la cantidad y la calidad de materiales. Emplear menores cantidades de materias primas o suministros para cortar costos, así como sustituir materiales e insumos por otros más baratos, resulta en peores productos que los clientes notarán y tus ingresos también. No es una buena idea.

Eliminar actividades que agreguen calidad, o reducir el tiempo de dedicación, a los productos y servicios. Los clientes pagan lo que reconocen y si ofreces menor calidad, comprarán en otro lugar. Despídete de tu negocio.

Reducir el personal. Despedir personal y sustituirlo con personas sin experiencia o, en ocasiones, no reemplazarlos y que el personal que permanece asuma ese trabajo. En todo caso, esta situación produce una sobrecarga de trabajo en los colaboradores veteranos, tanto porque deben corregir los errores de los inexpertos como por cubrir la labor de los ausentes. En efecto, se obtienen rendimientos menores por cansancio y desmotivación, lo que ofrecerá costos más altos para producir la misma cantidad y una peor calidad. La consecuencia será que tu negocio habrá desmejorado su situación.

Subcontratar una parte del proceso productivo a terceros más baratos o de baja calidad. Esto puede ahorrar dinero de inmediato, pero es difícil garantizar que su labor o suministros sean los requeridos por nuestros clientes. Además de los costos adicionales de negociación, transporte, gestión y control de esos servicios.

Ahora, veremos que sí es posible recortar costos excesivos. Entre las medidas que podrías tomar para ello, contamos:

Eliminar actividades que no agregan valor a los productos o servicios. Si una actividad no agrega características, funciones o ventajas que los clientes reconozcan sólo está agregando costos. Así que un excelente ejercicio para eliminar costos efectivamente es ubicar estas fuentes de costos innecesarios y eliminarlas.

Mejorar los procesos para eliminar desperdicios de tiempo, materiales, energía, espacios y movimientos. El estudio profundo de los procesos de producción, promoción, comercialización y servicio permitirá que elimines fuentes de ineficiencia, o sea, cuando se emplean más recursos, tiempo y energía de lo necesario, y de ineficacia, esto es cuando no se logran los objetivos establecidos.

En consecuencia, al mejorar los procesos aumentará la efectividad, es decir, el logro de los objetivos perseguidos con los recursos establecidos para lograrlo.

Clasificación de costos

Los costos conforman un todo que debe ser analizado y clasificado para su uso práctico, según la naturaleza del negocio. De hecho, el área de costos es objeto de estudio e investigación por especialistas.

Por esta razón, y por el respeto que esta rama de la ciencia nos merece, en este libro solo presentaremos algunos aspectos de costos que debes manejar desde los inicios de tu negocio. En ningún caso trataremos los costos contablemente, aunque recomendamos que consideres la contratación de servicios profesionales del ramo lo más pronto posible. Por tanto, nos limitaremos a presentar una visión introductoria y práctica.

A continuación, presentaremos los costos según dos criterios útiles para un negocio que se inicia. A saber: Los costos según el volumen de producción y los costos según su vinculación con el producto.

Los costos según el volumen de producción

Al considerar el volumen de producción para la clasificación de los costos en tu negocio, tenemos dos posibles casos: costos fijos y costos variables. De esta clasificación se desprende la noción de costo total, como la suma de los costos fijos y de los costos variables.

Costos fijos

Son aquellos costos que no varían con las cantidades producidas, por ejemplo, el alquiler del local será el mismo sea que produzcamos 10.000 unidades o 100 unidades de producto en un mes.

Costos variables

Son aquellos costos cuyo monto depende de la cantidad producida. A mayor cantidad de productos, mayores los costos. Por ejemplo, la cantidad de chocolate consumida para producir 10.000 unidades es mucho mayor que si produjéramos solamente 50 unidades de producto.

Asimismo, es útil para los planes de producción y administración de tu negocio que manejes la noción de costos asociada al volumen de producción.

De esta manera, podemos pensar en conceptos como el de lote económico, es decir, la cantidad de productos con rendimiento óptimo, esto es con el mínimo desperdicio de materiales, energía y tiempo, y, en consecuencia, con el menor costo promedio posible por producto, que puede ser producido en una misma tanda de producción.

Además, podrás pensar en el crecimiento y en economías de escala. Esto es, que el costo promedio por producto es menor a medida que produces mayores cantidades. Salir a comprar un kilo de chocolate es el mismo esfuerzo que comprar 20 kilos. Si haces 20 compras de un kilo, serán 20 transacciones: llamadas, traslados y pagos. Todo ello tiene un costo que te ahorras al comprar los 20 kilos juntos. También, al comprar 20 kilos quizás obtengas un descuento por cantidad que no obtendrías al comprar solo un kilo. De manera que el costo unitario total al comprar 20 kilos es menor que el costo unitario total al comprar solo un kilo. Esta noción es aplicable a otros procesos.

Aunque también es bueno recordar que, en cada caso, hay que examinar la conveniencia de comprar en cantidades, pues habrá que considerar lo tratado en el Capítulo 8, en la actividad de abastecimiento. De modo que como es habitual, sugerimos analizar y planificar antes de decidir los volúmenes y las compras para obtener economías de escala.

Al final, tenemos que los Costos Totales serán iguales a la suma de los Costos Variables más los Costos Fijos.

Los costos según su vinculación con el producto

Al aplicar el criterio de la vinculación de los costos con el producto tenemos dos posibles casos:

Costos directos

Estos son los elementos que van a formar parte del producto. En esta parte se incluyen: la labor de la mente de obra, sí, el trabajo de las personas, y todos los materiales, sean materia prima o empaque.

Costos indirectos

Aquí, por complemento y facilidad, diremos que los costos indirectos son todos aquellos en que incurrimos y que no van incorporados directamente en el producto. Es decir, todos los no incluidos en los costos directos.

En este apartado, consideraremos que los Costos indirectos a su vez, están conformados por Costos indirectos de producción y gastos administrativos, de mercadeo, ventas y financieros. A saber:

Costos indirectos de producción (CIP): Todos aquellos que favorecen la producción, pero que no intervienen en la elaboración ni son componentes del producto. Forman parte de los costos de producción.

Gastos administrativos, de mercadeo, ventas y financieros (GAMVF): En una extrema simplificación hemos incluido aquí todos aquellos consumos de recursos, energía y tiempo empleados en la operación de tu negocio en las áreas no asociadas a la producción.

En este punto, tenemos una conclusión importante: Costos Totales de Producción (**CTP**) serán iguales a Costos Directos de Producción (**CDP**) más los Costos Indirectos de Producción (**CIP**).

CTP = CDP + CIP

Desde esta perspectiva, tenemos que los Costos Totales (**CT**)serán iguales a la suma de Costos Totales de Producción (**CTP**) más los Gastos administrativos, de mercadeo, ventas y financieros (**GAMVF**).

CT = CTP + GAMVF

En pocas palabras, tendremos que los Costos Totales son un único resultado independientemente de la manera como los calculemos, sea por el volumen de producción o según su vinculación con el producto.

Los costos de tu negocio de chocolatería

Hasta ahora, hemos visto que puede haber millones de variantes en el diseño de los negocios. En este momento, para efectos prácticos, todas ellas vamos a agruparlas en dos categorías generales:

Modelado de iniciativa esencial. De naturaleza personal, experimentas a una escala doméstica o muy pequeña, a tiempo parcial, en la que no intervienen muchos de los factores de un negocio a tiempo completo. Por tanto, tus costos serán sencillos de identificar y manejar, sin perder de vista que si tu negocio crece o cambia habrá que incluir otros costos.

Modelado de una iniciativa extendida. En esta experimentas a una escala comercial, o casi, a tiempo parcial o total, en la que se requiere de contratación de personal, alquiler de local o equipos, entre otros compromisos. Por esto, tendrás unos costos y gastos fijos los que deberás pagar cada mes. En este caso, el manejo de los costos requiere de una mayor organización y dedicación.

De manera que, si percibes que tu iniciativa es muy sencilla y, en principio, no incluye muchos de los renglones de costos, no pasa nada. Los conceptos que plantearemos funcionan igual. Además, es probable que lo que empezaste como iniciativa esencial pronto se convierta en una iniciativa extendida, por lo que debes estar atento a ello.

De acuerdo con esto, plantearemos los conceptos asociados a los costos de manera sencilla para que puedan ser manejados con facilidad y que incluyas aquellos factores específicos que correspondan a tu iniciativa en particular.

Asimismo, deberás tener en cuenta que cada renglón de costos o gastos, además de su clasificación por su vinculación directa o indirecta con el producto, al mismo tiempo puede ser calificado como costo variable o como costo fijo. Esto será muy útil para obtener información básica para tomar decisiones acerca del negocio que modelas.

Ahora, en primer lugar, examinemos desde la perspectiva del producto, los costos de tu negocio de chocolatería.

Costos Directos de Producción (CDP)

Son aquellos costos en que se incurre al elaborar el producto o generar el servicio. En otras palabras, nos referimos a todo aquello que forma parte del producto tales como el chocolate, los rellenos, decoraciones y empaques, así como al trabajo empleado para hacerlo.

En ese sentido, en tu negocio de chocolatería identificaremos los siguientes costos directos por consumo de:

A. Ingredientes. En esta sección simplemente asignamos el costo de las cantidades consumidas para producir el lote o durante el período considerado. Debemos asignar el costo de cada ingrediente a partir de la cantidad entregada a producción en el lote o período considerado, medida en las unidades adecuadas y multiplicarla por el costo de compra de cada unidad.

Atención: El consumo real de ingredientes se compone de la suma de lo efectivamente empleado en la elaboración de productos según la receta, más el desperdicio, merma, pérdida, evaporación o "desaparición" de ingredientes que pudiera ocurrir. Esto puede representar una diferencia significativa a la hora del balance de ganancias y pérdidas.

B. Etiquetas, envase o empaque. Las etiquetas, los recipientes y envolturas que sean empleadas en la elaboración y terminación de los productos. En este apartado registraremos todos aquellos efectivamente incorporados a los productos, pero también aquellos perdidos, dañados o "desaparecidos" al elaborar un lote de productos o durante un período de producción.

C. Mente de obra empleada en la elaboración. Usualmente llamada mano de obra, el entrenamiento lo capacita y hace más productiva porque razona lo que hace. Su aporte a la producción puede ser medido en tiempo. En algunos casos, es posible contratarlos por proyecto o por temporada.

A este respecto, cuando contratas personas como empleados a tiempo completo, o parcial, existe una utilización del tiempo útil de la jornada de una manera que puede ser diferente a cuando contratas por trabajo o por proyecto. Esta diferencia puede tener incidencia en la productividad, es decir en las unidades producidas por jornada y, también, en su calidad.

En este sentido, al registrar como costo de jornadas completas en la elaboración de lotes o períodos de producción incluiremos el costo de tiempo efectivamente empleado en la elaboración del producto, así como también los tiempos "muertos", tiempo desperdiciado en inactividad, esperas, traslados y el utilizado en todo aquello que no agregue valor al producto.

En esta etapa de diseño del negocio quizás no tengas empleados, aunque sí habrá esfuerzo humano en la producción, el tuyo básicamente, y que, en este momento, posiblemente no cobrarás. Sin embargo, debes incluir el costo de la mente de obra que ahora no pagas, pero que en el futuro sí deberás hacerlo.

Hasta este punto, tenemos:

CIng = Costo ingredientes
CMO = Costo mente de obra
CE = Costo empaque

En suma:

CDP = Costos Directos de Producción

CDP = CIng + CMO + CE

Vemos que la suma de los apartados CIng, CMO y CE nos da como resultado el total de Costos Directos de Producción (CDP).

Atención: Tanto el costo de ingredientes como el de empaque son costos variables, mientras que si tienes personal contratado, al que pagas mensualmente, produzca o no, es un costo fijo. Sin embargo, en algunos casos, si la ley lo permite, podrías contratar por unidad producida en cuyo caso la Mente de Obra sería un costo variable. Mientras más produces, más pagas.

Aunque es importante conocer el Costo Directo de Producción, este no lo revela todo. Necesitamos incluir otros costos para precisar el costo definitivo.

Costos Indirectos de Producción (CIP)

En la producción emplearemos talento de personas y recursos que no van incorporados directamente al producto, aunque son necesarios en el proceso de elaboración. Algunos de ellos variarán con el volumen de producción mientras que otros serán fijos, es decir pagarás por ellos sin importar las cantidades producidas.

Entre los costos indirectos de producción tendríamos algunos como los siguientes:

A. Agua. En este caso, nos referimos al agua que no forma parte de los ingredientes, es decir, la utilizada para consumo humano, limpieza e higienización.

B. Artículos de limpieza. Todos los requeridos para mantener las condiciones de higiene y limpieza en el área de producción.

C. Calzados y uniformes del personal de producción.

D. Consumibles de impresoras. Tinta y papel.

E. Consumibles. Los insumos que sin incorporarse al producto son empleados para su moldeado, manipulación, manejo y conservación. Entre ellos: guantes y mangas descartables, papel absorbente, papel encerado y papel film, entre otros. El consumo de estos insumos varía de acuerdo con la producción.

F. Depreciación de equipos y utensilios: El uso de los equipos "consume" su vida útil, por tanto, debemos establecer cuánto de esa vida se ha consumido en la producción. Esta previsión nos permitirá reponerlos en su momento.

Habitualmente se considera que los equipos profesionales, no los domésticos, tienen una vida útil de diez años o más. Mientras que la de los utensilios, dependiendo de cuales se trate, puede ser de 1 a 10 años, y de los equipos de computación, 5 años.

A título de ilustración, un cálculo rápido y grueso es suponer que los usarás por horas. Una cuenta simplificada sería: 8 horas diarias por 50 semanas por 10 años. En total, 4000 horas de vida. Si dividimos el costo de compra entre 4000 horas, tendremos el costo de depreciación por hora de uso del equipo.

Sin embargo, podría aplicarse otro enfoque como la depreciación fija mensual. En este caso, se dividiría el valor del equipo entre su vida útil en meses y el valor resultante se aplica como costo fijo cada mes.

En todo caso, estas cifras son solo ejemplos para ilustrar los conceptos. Además, hay varios métodos de cálculo de depreciación y cada realidad es particular, de manera que los expertos te indicarán la mejor opción para tu negocio. Inclusive, hay quienes manejan el criterio de que la depreciación de equipos sea considerada como un Costo Directo de Producción.

G. Electricidad. El consumo de electricidad durante la producción puede ser un factor significativo dependiendo de la intensidad de su uso, lo que lo haría un costo variable, si ese fuera el caso.

H. Gas. El combustible empleado para generar calor o energía también puede constituir un factor importante en los costos y variar con la producción.

I. Mantenimiento de equipos de producción. Conservar los equipos en las mejores condiciones de funcionamiento requiere de labores preventivas y correctivas, sea que las ejecutemos nosotros o técnicos contratados para ello.

J. Pólizas de seguro. En este apartado consideramos las pólizas de seguro que cubran los riesgos de los equipos, instalaciones o personas en el área de producción. Si es una póliza para toda la empresa, se pudiera considerar la porción aplicable a esta área.

K. Sueldos y salarios indirectos. Tanto los supervisores como los gerentes del área de producción no elaboran productos, por lo que sus salarios son costos indirectos. También lo son los salarios de personal de limpieza en el área de producción.

L. Telefonía móvil y fija. El uso de líneas telefónicas en el proceso de producción debe ser reflejado en la estructura de costos. Si la facturación no pudiera ser dividida, se podría aplicar un porcentaje o proporción a producción.

M. Uso de local. El espacio empleado en el proceso de producción también tiene un costo. Es posible que en la fase inicial de tu negocio de chocolatería estés utilizando el espacio de la cocina de tu casa y quizás algún área más.

De manera tal que, si no pagas alquiler de espacios porque es tu casa, el uso del espacio existe y el costo asociado a él también, solo que lo paga, o lo pagó, alguien que no lo cobra a tu negocio. En el futuro, posiblemente alquiles un local, así que será mejor que desde ahora reflejes el costo de su uso en tu planilla de costos.

Normalmente, la base de cálculo es un monto mensual fijo por el área utilizada. Un ejemplo para ilustrar la idea: Si la casa mide 100 metros cuadrados y supongamos que la renta es de 1200 monedas de chocolate, entonces, cada metro tiene un costo mensual de 12 monedas. Si utilizas el área de la cocina que mide 10 metros cuadrados, el costo mensual de uso de espacio será de 120 monedas, o sea, cada uno de los 30 días, costaría 4 monedas. De nuevo, estas cifras son solo ilustrativas.

El total de Costos Indirectos de Producción (CIP) es la suma de todos los costos indirectos de producción en los que hayamos incurrido. Si alguno de los mencionados no lo empleaste, su valor es cero. Por lo contrario, si identificas alguno que no está mencionado, pues lo incluyes entre tus costos.

Algunos de estos renglones se corresponden con costos variables, como insumos de papel el consumo de electricidad o del gas en la producción, mientras que los salarios, local, seguros, entre otros, son costos fijos.

$$CIP = A + B + C + D + E + F + G + H + I + J + K + L + M + N$$

Ahora bien, en este momento podemos conocer el **Costo Total de Producción (CTP)** del producto, del lote de productos o de un período de producción.

CTP= CDP + CIP

Esto es que el Costo Total de Producción (CTP) es la suma de los Costos Directos de Producción (CDP) y de los Costos Indirectos de Producción (CIP).

Gastos de administración, marketing, ventas y financieros (GAMVF)

Al margen de la producción existen otras áreas de la operación del negocio que también consumen materiales, recursos y tiempo. En este libro, apenas con intención demostrativa y a riesgo a simplificar en exceso, vamos a considerar una categoría de gastos generales en la que incluiremos todos los egresos sean financieros o en las demás actividades, fundamentalmente, administración, marketing y ventas. Veamos cuáles pueden ser esos gastos generales:

a. Agua. El consumo de agua para consumo humano, limpieza y servicios en las áreas administrativas. En los casos en que no ocurre una facturación separada, se puede asignar una parte o porcentaje de la factura total, si este fuera un monto significativo.

b. Alojamiento y servicios de internet. El servicio de hosting, u hospedaje, posibilita que tu página sea accesible en la World Wide Web. Asimismo, las redes sociales y otros basados en Internet, prestan servicios pagados y gratuitos. Si se usan servicios pagados se asentarían en este renglón.

c. Artículos de limpieza. Los insumos para el mantenimiento e higienización del área administrativa. Puede ser una proporción de la factura total.

d. Comisiones de ventas. Los montos correspondientes a las retribuciones de los vendedores por su gestión de ventas. Naturalmente, varían con el monto de las ventas.

e. Comisiones bancarias. Los montos correspondientes a trámites, comisiones u operaciones establecidas por los bancos.

f. *Community manager*. Los pagos correspondientes a los servicios de generación, publicación de contenidos en redes sociales, así como mantener y hacer crecer el número de miembros de la comunidad de la marca.

g. Condominio. Los pagos referentes a la cuota parte de los gastos en una comunidad de locales, tales como electricidad en áreas comunes o vigilancia.

h. Consumibles. La papelería, artículos de oficina y consumibles de impresoras.

i. Depreciación de equipos. El reflejo del uso de todos los equipos necesarios para las operaciones de administración, mercadeo y ventas, en términos de vida útil consumida.

j. Electricidad. El consumo de energía eléctrica en el área para iluminación, aire acondicionado y equipos. En los casos en que no ocurre una facturación separada, se puede asignar una parte o fracción de la factura eléctrica total.

k. Honorarios profesionales. La retribución correspondiente a los servicios especializados de asesoría, consultoría y asistencia técnica prestados por contadores, abogados, ingenieros y otros profesionales independientes.

l. Impuestos. Los tributos, tasas y contribuciones municipales, regionales o nacionales que deban ser pagados como parte de la obligación ciudadana.

m. Amortización e intereses. En el caso de que hayas solicitado algún préstamo, el pago de cuotas e intereses forman parte de los gastos financieros.

n. Fletes y transporte. Los pagos de servicio de envíos de materiales o productos terminados, así como también la movilización de personas.

o. Mantenimiento de equipos. Los servicios técnicos y repuestos para mantener operativos los equipos de oficina, sea el mantenimiento preventivo o correctivo.

p. Publicidad. Los servicios de difusión, promoción y divulgación de la marca, sus productos y servicios. Incluye todas las actividades de planificación, diseño, producción, emisión y publicación de las piezas publicitarias.

q. Pólizas de seguro. Las pólizas de seguro de los equipos, instalaciones o personas que cubran los riesgos en el área. En caso de que sea una póliza total del negocio se puede asignar una porción como costo de esta área.

r. Sueldos y salarios. Todos salarios correspondientes a las personas que laboran en estas áreas. Si en alguna de ellas existieran personas que comparten funciones con producción, se puede estimar una porción para cada una.

s. Telefonía móvil y fija. Las líneas telefónicas habitualmente tienen un uso intenso en mercadeo y ventas, esta circunstancia debe ser reflejada en la estructura de costos. En caso de que no sea posible separar la facturación por áreas del negocio, se pueden estimar fracciones de uso de cada una.

t. Uso de local. El costo del área empleada, sea pagado efectivamente o no, debe ser reflejado en la planilla de costos. En caso de que no sea facturado por separado, fácilmente se puede asignar el monto adecuado correspondiente al área ocupada.

Generalmente, los renglones de este grupo de gastos son costos fijos. A pesar de ello, en algunos negocios que sean intensivos en envíos, son variables los gastos de flete y transporte. Sirva este caso como un ejemplo.

Los Gastos de Administración, Marketing, Ventas y Financieros (GAMVF) son la suma de todos estos renglones. Si alguno no lo empleaste, su valor es cero. Por otro lado, si identificaste alguno no mencionado, lo puedes incluir.

GAMVF = a+ b+ c + d + e + f + g + h + i + j + k + l + m + n + o + p + q + r + s + t

Ahora estamos en posición de considerar la noción de costos totales de tu negocio y conocer información muy interesante.

CT = Costos Totales
CTP = Costo Total de Producción
GAMVF = Gastos de Administración, Marketing, Ventas y Financieros.

CT = CTP + GAMVF

Esta fórmula es válida para un lote de productos o para un período. Obviamente es más sencillo si el período coincide con un lapso de facturación o pago, por ejemplo, un mes, un trimestre o un año. En el caso de un lote de productos deberemos estimar la incidencia o proporción correspondiente de los Costos Indirectos y los Gastos de Administración, Marketing, Ventas y Financieros.

Por otra parte, podemos destacar que los Costos Totales (**CT**) también pueden ser expresados como la suma de los Costos Variables más los Costos Fijos. Igualmente, para cada componente del costo directo e indirecto de producción, así como para los demás gastos. Un registro adecuado de los costos de acuerdo a los diversos criterios permitirá contar con información muy precisa. En este caso, una hoja de cálculo es una herramienta poderosa e indispensable para facilitar todo este manejo.

En este punto, si estás modelando un negocio con un único producto, podrás conocer directamente el costo total por producto, de la siguiente manera:

CT = Costos totales
P = Producción del período o Lote = Número total de productos elaborados.
CUT = Costo Unitario Total (CUT), es decir, cuanto nos cuesta cada producto.

CUT = CT / P

Nuevamente, los costos pueden ser calculados para un período de tiempo o para un lote de producción. En algunos casos, el tamaño del lote es una unidad de producto, como cuando preparas un pastel.

Estructura de costos de tu negocio

En el mundo de los negocios no es posible conducirse exitosamente a ciegas. No tienen validez ni "Yo creo que...", así como tampoco "A mí, me parece que...". Es necesario tomar decisiones sustentadas en la realidad. En ese contexto, conocer la estructura de costos correcta es de vital importancia, puesto que será referencia para dirigir el negocio, para la fijación de precios y, por ende, para la obtención de los márgenes que puedan contribuir a las utilidades.

La estructura de costos es la representación del conjunto de elementos necesarios, consumidos, empleados, utilizados o pagados en un proceso productivo para obtener un producto y para operar tu negocio; y la asignación a cada uno de ellos de las cantidades correspondientes, tanto en valor físico como en monetario.

En su conjunto la estructura de costos es una radiografía que revela los consumos de necesario para que el negocio genere valor para sus clientes.

Desde luego que la estructura de costos es particular de tu negocio, pues dependerá de cuales sean tus productos y servicios, el segmento de clientes, lo que ellos valoran y, además, de las relaciones con ellos, los canales de comercialización y venta, los recursos, las fuentes de ingresos, las actividades y las alianzas con las que contemos. Todo ello es resultado de tiempo de las personas, el uso de equipos, la materia prima y los materiales. Por tanto, la cantidad de que se trate tiene un costo. Entonces, todo deberá ser medido, pesado o contado, para conocer lo que hemos consumido y su costo correspondiente.

De manera tal que una tarea ineludible para completar el diseño de tu negocio es establecer su estructura de costos.

Planilla de costos

La estructura de costos se refleja y visualiza en una planilla de costos. En ella se expresarán los elementos presentes en la estructura de costos y sus valores de referencia. Puedes iniciarla en papel y lápiz, esta funciona, aunque toma tiempo y es laborioso de actualizar en la medida en que incluya más elementos y haya cambios. Por ello, desearás contar con otra opción.

En relación con eso, pronto te darás cuenta de que es mejor usar una hoja de cálculo o, mejor varias hojas relacionadas, para que puedas representar cabalmente los costos en todas sus modalidades y realizar los cálculos que te ofrezcan información útil. La planilla de costos en una hoja de cálculo es una estupenda inversión, pues la elaboras una vez y luego solamente la actualizarás cuando haya cambios. Entonces, de inmediato conocerás los nuevos costos parciales o totales.

Hay planillas de costos en el mercado que puedes comprar, también hay otras gratuitas en internet, o bien, si no sabes cómo hacerla puedes pedirle a un amigo que la elabore. Aunque lo recomendable es que, ya que estás emprendiendo, aprendas a manejar las hojas de cálculo como parte de tu formación empresarial y gerencial porque el manejo de números es obligatorio en los negocios. Además, la satisfacción de que hagas tu propia planilla de costos, aunque te cueste un poco, no tiene precio.

Precios

El esfuerzo por producir el valor para el cliente tiene una recompensa en su preferencia y compra frecuente. Entonces, consideramos el precio como el monto que paga el cliente por tu producto. Por lo tanto, esa cantidad será determinante en el futuro de tu negocio.

Normalmente, el precio es una cantidad que, como mínimo, iguala el monto de los costos del producto y que, como máximo, puede tener al valor que determinen el mercado del producto y su demanda. De modo que, el precio puede ser fijado en algún punto entre esos dos extremos.

La fijación de precios no es una tarea sencilla, ni aislada, pues deberá estar alineada con la estrategia del negocio, el mercado y otros aspectos que consideres en su diseño. Por esto, su determinación puede ser el resultado de combinar varios factores. Entre ellos puedes incluir el perfil de clientes, su poder adquisitivo, hábitos, ocasión de la compra, la competencia, así como otros que sean importantes en tu caso.

Además, hay varias formas de hacerlo. De hecho, esta es área de trabajo de expertos y estudiosos. En este libro, vamos a hacer una sencilla introducción al tema que esperamos que sea útil en esta etapa de modelado de tu negocio.

En ese sentido, consideraremos que para la fijación de precios podemos basarnos en tres aspectos: el costo, el valor percibido del producto y el mercado.

Fijación de precios basada en el costo

En este apartado mostraremos dos maneras para fijar el precio tomando como referencia el costo en el que hemos incurrido en la elaboración del producto. Así, tenemos: La fijación con regla empírica y la fijación con costos reales.

La regla empírica

Esta es una de las maneras más simples y populares entre quienes se inician en el negocio y aún no le dedican completamente su tiempo, ni recursos.

En este caso, hay una regla empírica, resultado de la práctica, que podemos llamar "regla del dedo gordo", que aproxima el precio a unas 3,3 a 4 veces el costo de los ingredientes. Frecuentemente, en casos de producción de lotes el factor se aproxima a 3,3, mientras que cuando se trata de elaborar un único producto se aproxima a 4.

Entonces, el precio resulta de aplicar lo siguiente:

CI: Costo de Ingredientes
Factor: Un número entre 3,3 y 4.

Entonces,

Precio = CI x Factor

Veamos el siguiente ejemplo:
Determinemos cual sería el precio de una barrita de chocolate.
Costo Ingredientes (CI) = 2 Monedas.
Factor = 3,3
Precio Barrita = ¿?

Precio Barrita = 2 x 3,3
Precio Barrita = 6,6 monedas.

Este resultado podría ser redondeado a 7 o 6,5, según tu estrategia y consideraciones de mercado.

Este precio debería ser suficiente para cubrir todos los costos indirectos de producción aplicables, y contribuir a pagar los gastos ajenos a producción y, además, dejar un margen de utilidad. En este orden de ideas, para verificar si es así, y por cuánto, debemos detallar todos los aspectos.

En el caso de que tu iniciativa tenga una operación más exigente en tiempo, recursos y precisión en ese caso necesitaremos conocer los costos con mayor detalle. En otras palabras, deberemos manejar los costos reales a la hora de fijar precios.

Porcentaje de costo en el precio

En esta modalidad, fijas de antemano el porcentaje que representarán los costos de ingredientes en el precio. Si tomas, por ejemplo, el 30%, esta es una referencia habitual para las materias primas, es decir, que el costo lo dividirás entre 0,3, esto es 30% que es igual a 30 dividido entre 100.

CI: Costo de Ingredientes
PCP: Porcentaje de Costo en el Precio:

Entonces, tenemos:

Precio = CI/ PCP

Así, en el siguiente ejemplo, tenemos,

Costo de ingredientes = 2 Monedas
Porcentaje de Costo en el Precio: 30% = 30/100 = 0,3
Precio= 2 / 0,3 = 6,67

Nuevamente, podrías redondear de acuerdo a la realidad de tu negocio.

Fijación de precios basada en el valor percibido del producto

En este enfoque partimos de la idea de que el cliente paga el valor que reconoce. Esto permite fijar un precio que supera los costos del producto en función del valor percibido. Los teléfonos de la manzanita son un ejemplo, pues su precio es varias veces el costo de producción, aunque para sus clientes, vale el precio pagado. Aquí se hace presente la noción del precio correcto. Así que si tu segmento de clientes es exclusivo y de alto poder adquisitivo puede desconfiar de un producto "barato". De modo que si valora tu producto va a estar dispuesto a pagar precios acordes. En algunos casos, estos selectos segmentos de mercado pagarán precios Premium y, sorprendentemente, podrías vender más si aumentas los precios.

Fijación de precios basada en la competencia y el mercado

En este caso, fijaremos el precio teniendo como referencia los precios de productos competidores, o con la misma función, en el mismo segmento de clientes. En este caso estaremos muy pendientes de que el diferencial entre el precio y los costos totales y gastos sea suficientemente amplio para dar pie a un beneficio aceptable.

A este respecto, es importante considerar que entrar a competir con una estrategia de precios bajos puede resultar peligroso para la calidad de tus productos y la supervivencia de tu negocio. Normalmente, en los mercados de precios bajos la competencia es muy dura y los nuevos entrantes la pasan mal porque, deben amortizar la inversión inicial y esto, junto a los costos fijos, deja poco margen de maniobra. Definitivamente, no es una estrategia recomendable para quien se inicia con el capital limitado.

Finalmente, si la iniciativa que modelas tiene una escala comercial, con varios productos, es posible que debas apelar a técnicas de fijación de precios más complejas fuera del alcance de este libro.

Márgenes

La finalidad de diseñar tu negocio de chocolatería es establecerlo y que se mantenga operativo para ofrecer valor a los clientes en cumplimiento de su misión.

En este marco, ya conocemos los costos y hemos fijado los precios, en realidad nuestro proceso de diseño del negocio es ir y venir para ajustar los 10 aspectos que consideramos. Sabemos que para que el negocio sobreviva hace falta que los ingresos cubran todos sus costos y gastos, pero que, además, rinda excedentes que satisfagan tus expectativas como empresaria o empresario.

Por tanto, necesitamos que exista un margen, o diferencia, positiva y suficiente, entre el total de dinero que ingresa y el total de dinero que se paga. Ni más, ni menos, como corresponde a todo negocio con fines de lucro. En el caso de márgenes negativos algo va muy mal. Peor aún, si subimos los precios y los clientes no compran. Quizás haya que repensar el negocio, si es que estás a tiempo para ello.

En ese orden de ideas, los ingresos estarán determinados por el precio de venta y la cantidad de productos vendida. Aquí se refleja la estructura de ingresos que ya hemos modelado en el capítulo 6.

Por su parte, los egresos, como hemos visto, están representados por los costos variables y fijos, sean directos o indirectos.

En particular, en atención a tu iniciativa, sea esencial o extendida, vamos a considerar dos casos posibles:

1. Márgenes para un producto específico, que podría ser útil para una iniciativa a escala doméstica o con un producto único.

2. Márgenes para la operación de la iniciativa extendida en un período o para un lote de productos.

En todo caso, la diferencia entre ingresos y egresos, dará pie a dos tipos generales de márgenes: Margen Bruto llamado también Margen de Contribución (MC) y Margen Neto (MN) llamado también Utilidad Operacional, los cuales analizaremos a continuación.

Asimismo, cada uno de ellos lo podemos expresar en términos absolutos o porcentuales. Veamos los detalles en la próxima sección.

Margen Bruto o Margen de Contribución (MC)

Es el resultado de restarle a los Ingresos (**I**), los Costos Variables de Producción (**CVP**), es decir, todos aquellos que varían de acuerdo al volumen de producción. Esa diferencia contribuye, de allí su nombre, a pagar todos demás costos, gastos y a las posibles utilidades operacionales del negocio.

I = Ingresos
CVP = Costos Variables de Producción. Recuerda: Los que varían según el volumen producido y lo consumido.

MC = Margen de contribución
MC = I − CVP

Atención: A primera vista, el margen bruto puede parecerte mucho, abundante, inclusive, excesivo. Sin embargo, debemos puntualizar que ese no es dinero libre. Una parte de ese dinero está comprometido, no sabemos cuánto todavía, con otros costos, gastos e impuestos, de manera que no es saludable contar con ese margen y menos, aún gastarlo o disponer de él, como si fueran ganancias.

Margen Neto o Utilidad Operacional (MN)

Es el resultado de restarle a los Ingresos (**I**) los Costos Totales (**CT**) del negocio, es decir, la suma de Costos de Variables de Producción (**CVP**) y los Costos Fijos (**CF**)

I = Ingresos
CVP = Costos Variables de Producción
CF = Costos Fijos
CT = Costos Totales
CT = CVP +CF

MN = Margen Neto
MN = I –CT

Atención: La utilidad operacional no es dinero libre, ni representa las ganancias, puesto que una parte está comprometida con el pago de impuestos y tasas que sean aplicables. De manera que el margen neto no debe ser considerado, dispuesto o gastado como si se tratara de ganancias.

A continuación, a manera de introducción al tema, ilustraremos algunos conceptos asociados a los márgenes. Van a ser aplicables para un producto o servicio en particular, un lote de ellos o para todo el negocio. Simplemente, compartiremos algunos indicadores, conocidos también como métricas, que son inmediatos para conocer, a primera vista, como anda el negocio.

Márgenes de un producto o servicio

Margen Bruto Unitario, Margen de Contribución Unitario (MCU)

El Margen Bruto Unitario o Margen de Contribución Unitario (MCU) nos indica cuántas monedas aporta cada venta del producto para pagar los demás costos y contribuir al eventual beneficio.

PVU = Precio de Venta Unitario
CVPU = Costo Variable de Producción Unitario.
MCU = Margen de Contribución Unitario
MCU = PVU - CVPU

Veamos el siguiente ejemplo: supongamos que vendemos unos discos de chocolate con nueces, al precio de 12 monedas cada uno. Hemos determinado que tienen un costo variable unitario de 3 monedas. Veamos cuál es el margen de contribución unitario.

PVU = 12,00 monedas
CVPU = 3,00 monedas
MCU = 12,00- 3,00 = 9,00 monedas

En este caso, cada producto vendido va a contribuir con 9 monedas a pagar los costos fijos y la utilidad operacional. Si conocemos el Margen de Contribución Unitario, lo podremos multiplicar por la cantidad de unidades vendidas y así conocer con cuánto contaremos para el pago de los demás costos, gastos y el margen de utilidad operacional.

Margen Bruto Unitario Porcentual, Margen de Contribución Unitario Porcentual (MCUP)

El Margen Bruto Unitario Porcentual o Margen de Contribución Unitario Porcentual (MCUP) nos indica cuántas monedas aporta la venta para cubrir los demás costos y beneficio por cada cien monedas de ventas del producto.

MCUP = Margen de Contribución Unitario Porcentual
MCU = Margen de Contribución Unitario
PVU = Precio de Venta Unitario

MCUP = MCU * 100 / PVU

El margen de contribución porcentual nos indica el porcentaje del precio de venta que es aportado para los costos fijos del negocio y la utilidad que resultante.

Veamos en la práctica con el siguiente ejemplo: Supongamos que vendemos unos discos de chocolate con nueces, al precio de 12 monedas cada uno, con un margen de contribución unitario de 9 monedas. Determinaremos cuál es el Margen de Contribución Unitario Porcentual (MCUP).

Margen de Contribución Unitario Porcentual (MCUP) = ¿?
MCU = 9,00 monedas
PVU = 12,00 monedas
MCUP = 9 *100 / 12
MCUP = 75%

En este caso, 9 de cada 12 monedas, esto es el 75% de cada producto vendido, van a contribuir a pagar los costos fijos y la utilidad operacional. Si conocemos este valor porcentual, podremos calcular, rápidamente, a partir de un monto de ventas el margen con el que podemos contar para cubrir costos, gastos y utilidad operacional.

Margen Neto Unitario (MNU)

El Margen Neto Unitario (MNU) nos indica cuanto aporta cada venta del producto a la Utilidad Operacional, después de descontado el costo unitario total.

PVU = Precio de Venta Unitario
CUT = Costo Unitario Total. Recuerda: Es Costo Total entre el número de unidades de producto.
MNU = Margen Neto Unitario

MNU = PVU - CUT

El Margen Neto Unitario (MNU) es el aporte que hace la venta de cada producto a la utilidad operacional, una vez restados todos los costos y gastos, es decir, el Costo Unitario Total (CUT).

Margen Neto Unitario Porcentual (MNUP)

El Margen Neto Unitario Porcentual (**MNUP**) nos indica el porcentaje del monto de cada venta del producto está disponible para cálculo de la Utilidad Operacional, es decir, después de descontado el costo total unitario, o sea, todos los costos y gastos del negocio aplicados al producto.

MNU = Margen Neto Unitario
PVU = Precio de Venta Unitario
MNUP = Margen Neto Unitario Porcentual

MNUP% = (MNU * 100) / PVU.

El resultado obtenido es la proporción por cada cien monedas, es decir un porcentaje y se expresa en %. Nos indica la cantidad de monedas por cada cien de ventas que nos quedan para aportar a la Utilidad Operacional del negocio.

Consideremos como ejemplo el caso de un bombón.

Precio de Venta Unitario Bombón (**PVU**) = 10,00 monedas
Costo Variable de Producción Unitario Bombón (**CVPU**) = 4 monedas
Costo Total Unitario Bombón (**CTU**) = 7,50 monedas

MCU = PVU - CVPU

MCU Bombón = 10,00 – 4,00 = 6,00 monedas

MCUP% = MCU * 100/ PVU

MCUP Bombón = 6 * 100 /10,00 = 60,00%

En este caso, cada bombón vendido aporta el 60% de su monto para los demás gastos.

Consideremos ahora el Margen Neto Unitario de cada bombón.

MNU = PVU - CTU

MNU = (10,00 - 7,50) = 2,50

MNUP = MNU * 100 / PVU

MNUP = (10,00 – 7,5) * 100 / 10,00 = 25,00%

Es decir, que de cada 100 monedas que vendas de bombones estarás obteniendo una utilidad operacional de 25,00 monedas.

Este ejemplo es hipotético, se han usado cifras ilustrativas y no refieren a país alguno. En todo caso, las fórmulas funcionarán igual para datos reales.

Cálculo de márgenes para todo el negocio

De la misma manera que en el caso de un único producto, podemos calcular los márgenes si consideramos la totalidad de los productos, sus costos de producción, los ingresos totales por ventas y los costos totales de la empresa. Igualmente, pueden ser calculados a un período determinado o, también, aplicarse a la producción de un lote de productos.

A riesgo de parecer repetitivo, pero con la intención de dar una idea de la aplicación de los conceptos en caso de una iniciativa extendida, los compartimos a continuación.

MC = Margen de Contribución

IT = Ingresos Totales
CVPPV = Costo Variable de Producción de Productos Vendidos

MC = IT - CVPPV

Si tienes varios productos y cada uno un margen de contribución unitario diferente, es necesario ponderar el **Margen de Contribución Unitario Promedio** (**MCUProm.**). Para ello, por cada producto multiplicaremos su margen de contribución por su cantidad de unidades. Sumamos todos estos resultados y los dividiremos por la cantidad total de unidades de productos. Así.

MCUx: Margen de Contribución Unitario, " x" va del producto 1 hasta el n.

Px: Cantidad de cada producto. "x" va desde el producto 1 hasta el n.

MCUProm = ((P1*MCU1) + (P2*MCU2) + (P3*MCU3)+...(Pn*MCUn)) / (P1+P2+P3+...Pn))

Este **MCUProm** al multiplicarlo por el número total de productos nos da como resultado el **MC** total.

Además, podemos obtener el Margen de Contribución Porcentual

MCP = Margen de Contribución Porcentual
MC = Margen de Contribución
IT = Ingresos Totales

MCP = MC *100 / IT

Margen Neto o Utilidad Operacional (MN)

IT = Ingresos Totales
CT = Costos Totales
MN = Margen Neto o Utilidad Operacional
MN = IT − CT

Margen Neto Porcentual o Utilidad Operacional Porcentual (MNP)

MNP = Margen Neto Porcentual o Utilidad Operacional Porcentual
MN = Margen Neto o Utilidad Operacional
IT = Ingresos Totales

MNP = MN * 100 / IT

Consideremos como ejemplo, un mes de abril de un hipotético negocio de chocolatería.

Ingresos Totales abril (**IT**) = 60.000 monedas
Costo Variable de Producción de Productos Vendidos abril (**CVPPV**) = 25.000 monedas
Costos Totales abril (**CT**) = 50.000 monedas

MC abril = IT - CVPPV
MC abril = 60.000 – 25.000 = 35.000 monedas

MCP = MC * 100 / IT

MCP = 35.000*100/60.000 = 58,33%

MN = IT - CT
MN = (60.000 – 50.000) = 10.000 monedas

MNP = MN * 100 / IT
MNP = (60.000 – 50.000) *100/60.000 = 25,00%

Según este ejemplo, este negocio produjo en ese abril una Utilidad Operacional de 2.500,00 monedas por cada 10.000,00 monedas vendidas.

Sobre este particular, recordamos que la Utilidad Operacional no es dinero libre, aún quedan compromisos con los impuestos y tasas que sean aplicables. Así que no debes contarlo como ganancias.

Nuevamente, recordamos que este ejemplo es hipotético, se han usado cifras ilustrativas y no refieren a país alguno. En todo caso, las fórmulas funcionarán igual con datos reales. Por tanto, es fundamental que cuentes con el sistema contable que te apoye. Ahora, un aporte adicional útil para conocer cómo van las cosas en el negocio.

Punto de equilibrio (PE)

En muchas ocasiones deberemos escudriñar en los datos para conocer información importante para tomar decisiones, ya que no siempre es sencillo y directo.

Por una parte, si en el proceso de diseño estás trabajando con un único producto, en tus horas libres y en tu hogar, es relativamente sencillo conocer el monto que debes vender, los costos totales y si hay un margen de utilidad.

Por el contrario, si el negocio que diseñas tiene un cierto tamaño en operaciones y ventas, además de diversidad de productos, no será tan evidente conocer a partir de cuál volumen de ventas se pagan todos los costos y gastos y se empiezan a producir márgenes positivos.

En tal sentido, el **Punto de Equilibrio** (**PE**) nos permite determinar el valor de las ventas en el que no ganas ni pierdes. Es decir, cuando lo que ingresa iguala los costos totales, es decir, fijos más variables. Es el punto de cero pérdidas y cero ganancias. Esto quiere decir que antes de ese valor tus ventas no cubren los costos totales y que es después de ese valor cuando tus ventas pagarán los costos y producirán excedentes destinados a ganancias. Por eso es llamado el punto de equilibrio.

En este momento, la información que hemos registrado acerca de costos, precios y ventas comienza a dar frutos. Esto es porque para calcular el punto de equilibrio para un determinado lote o período, requerimos tener a mano la información que mencionaremos seguidamente.

Costos Variables Totales (**CVT**). Todos los que varían en función de la producción del período considerado.

Costo Variable Producción Unitario (**CVPU**). El costo variable imputado a cada producto. Es decir, resulta de dividir los CVT entre el número de productos vendidos.

Costos Fijos Totales (**CFT**). Todos los costos del período que no varían con la producción.

Precio de Venta Unitario (**PVU**). El precio al que vendemos cada producto.

Ventas Totales (**VT**). El monto total de las ventas en el período considerado.

Margen de Contribución Unitario (**MCU**): (Precio de Venta Unitario – Costo Variable Unitario)

MCU = PVU - CVPU

¿Cuántas unidades debo vender para empezar a producir ganancias?

La respuesta la hallaremos al dividir el monto de los Costos Fijos Totales (**CFT**) entre el Margen de Contribución de cada producto. El resultado es la cantidad de unidades de producto en la que se igualan las contribuciones de los productos vendidos con los costos fijos.

PE en unidades = Costos Fijos Totales / (Precio de Venta Unitario – Costo Variable Unitario)

PE en unidades = Costos Fijos Totales / MCU

PE Unidades = CFT/ MCU

¿Cuál monto en monedas debo vender para empezar a producir ganancias?

Por su parte, esta respuesta la obtendremos al dividir a los Costos Fijos Totales (CFT) entre la proporción de las ventas que queda al quitarle la porción de Costos Variables en relación a las Ventas Totales. Es más fácil verlo en la fórmula:

PE Monedas = Costos Fijos Totales / 1 – (Costos Variables Totales/ Ventas Totales)

PE Monedas = CFT / 1 – (CVT / VT)

Consideremos el siguiente ejemplo de la producción de un lote de 500 rizos de chocolate.

Producción (**P**) = 500 rizos
Costos Variables Totales (**CVT**) = 3.000 monedas
Costo Variable Unitario (**CVPU**) = CVT / P = 3.000 / 500 = 6 monedas
Costos Fijos Totales (**CFT**) = 5.000 monedas.
Precio de Venta Unitario (**PVU**) = 24 monedas
Ventas Totales (**VT**)= 12.000 monedas
Margen de Contribución Unitario (**MCU**) = 24 – 6 = 18 monedas

PE Unidades = CFT / (PVU − CVPU)
PE Unidades = 5.000 / (24 − 6)
PE Unidades = 5.000 / (18) = 277,77. Redondeado a 278 unidades.

PE Monedas = CFT/1 − (CVT/ VT)
PE Monedas = 5.000 / 1-(3000/12.000)
PE Monedas = 5.000 / 1-(0,25)
PE Monedas = 5.000 / (0,75) = 6.666,67 monedas

Es decir, a partir de la unidad vendida número 279 y de las ventas por 6.667 monedas comienzas a generar beneficios. Es decir, deberías vender un poco más de la mitad de la producción para pagar los gastos fijos y contribuir a las ganancias.

Ahora bien, dependiendo del producto, la naturaleza del mercado y de la iniciativa estos resultados de Punto de Equilibrio de este caso podrían resultar adecuados o no. Por ejemplo, sería aceptable para un producto que se venda en lote completo para consumo inmediato en un evento, mientras que, para un producto de venta al público por unidades, de vida corta o susceptible de daños por calor, manejo o a devoluciones, pueden resultar valores muy altos que comprometerían los beneficios.

En relación a esto, si debes vender un número muy grande de unidades o un monto importante en monedas para alcanzar el punto de equilibrio, esto sugiere que tienes un margen de contribución relativamente pequeño frente a los costos fijos. Por lo que representaría una posición de riesgo para tu iniciativa.

En resumen, el tema de los costos, precios y utilidades es amplio y existen diversidad de herramientas que permiten conocer detalles reveladores con precisión. Así que mientras llegas a contar con un ideal Sistema de Costos, te recordamos que una hoja de cálculo, o unas pocas, diseñada con asesoría profesional adecuada, puede ofrecerte toda esta información, inmediatamente, una vez que actualices los valores reales. Una hoja de cálculo te permite experimentar y pensar en escenarios posibles ¿Qué pasa si hago esto? ¿Y si más bien hago esto otro? Instantáneamente tendrás las respuestas.

En este punto del diseño de tu negocio, los números pueden ser un poco gruesos, aunque útiles. Debes manejar aquellos renglones que consideres suficientes y necesarios para obtener respuestas y orientar tus decisiones. De manera que puedes operar tu negocio tal como está hasta que decidas crecer.

En la medida en que tu negocio se torne una empresa formal requerirá de mejor información. En ese momento, como empresario debes profundizar ese aspecto en el plan de negocios. Por supuesto que lo mejor es que lo más pronto posible tengas un manejo formal y profesional de los costos. Los expertos asesores contables te apoyarán al respecto.

Un apunte final. El diseño del modelo de tu negocio es una actividad exigente no solo de esfuerzo y tiempo, sino también en la preparación requerida para dirigir el negocio que comienza. Los negocios implican manejo de números. Esta es la realidad y no se puede cambiar. Por lo tanto, si no sientes seguridad o comodidad con los números, pues lo mejor es que te prepares y estudies al respecto. Tus sueños y tu negocio lo valen.

Ejercicio 10
Exploración de tus costos, precios y márgenes

El ejercicio final te permitirá una visión general de los elementos que conformarán la estructura de costos de tu negocio. Asimismo, los clasificarás como costos fijos o variables. Finalmente, podrás realizar algunos cálculos para conocer márgenes y punto de equilibrio.

Consideremos en este ejercicio tu producto inicial, o la idea que tengas de él, para un período de operación o un lote de producción. En cualquier caso, identificarás detalladamente todos los aspectos que consumen recursos, esfuerzo y tiempo.

Selecciona tantas opciones como correspondan con tu negocio.

En www.danielrojasrivero.com podrás descargar las plantillas para completar el ejercicio.

Identificar costos por su relación con el producto

Costos directos de producción

❑ Ingredientes
❑ Etiqueta, envase, empaque
❑ Sueldos y salarios. Mano de obra directa

Costos indirectos de producción

❑ Agua
❑ Artículos de limpieza
❑ Calzados y uniformes
❑ Consumibles de impresoras
❑ Consumibles: ❑ Guantes ❑ Papel absorbente ❑ Mangas
                 ❑ Papel encerado ❑ Papel film
❑ Depreciación de equipos producción
❑ Electricidad
❑ Gas
❑ Mantenimiento de equipos producción
❑ Seguros

- ❏ Sueldos y salarios indirectos
- ❏ Telefonía móvil y fija
- ❏ Uso de local
- ❏ Otro
- ❏ Otro

Gastos administrativos, marketing, ventas y financieros

- ❏ Agua
- ❏ Alojamiento web
- ❏ Artículos de limpieza
- ❏ Comisiones bancarias
- ❏ Comisiones de ventas
- ❏ *Community manager*
- ❏ Condominio
- ❏ Consumibles
- ❏ Depreciación de equipos
- ❏ Electricidad
- ❏ Fletes y transporte
- ❏ Honorarios profesionales
- ❏ Impuestos, tasas y derechos.
- ❏ Intereses financieros
- ❏ Mantenimiento de equipos
- ❏ Papelería, artículos de oficina y consumibles impresoras
- ❏ Pólizas de Seguros
- ❏ Publicidad
- ❏ Sueldos y salarios
- ❏ Telefonía móvil y fija
- ❏ Transporte
- ❏ Uso de local
- ❏ Otro
- ❏ Otro

Ahora, clasifica cada uno de los costos que hayas seleccionado como Fijo o Variable. Recuerda que los variables cambian de acuerdo al volumen de la producción, mientras que los fijos no cambian durante el período o lote considerado.

Así que tendremos dos partes. La primera, para obtener el total de los costos Variables y la segunda, para los Costos Fijos. Las puedes hacer en papel, sin embargo, tendrás muchas ventajas al hacerlo en una hoja de cálculo.

II.1. Una lista en la que se detalle el costo correspondiente a cada uno de los elementos que identificaste como costo variable. Realiza la suma de todos ellos. Por ejemplo, tenemos ingredientes y el empaque, entre otros.

Costos Variables

Detalle	Monto Monedas
b) Costos Variables	

El literal b) identificará los Costos Variables en la última parte del ejercicio.

II.2. Una lista en la que se detalle el costo correspondiente a cada uno de los elementos que identificaste como costo fijo. Realiza la suma de todos ellos. Por ejemplo, tenemos el local, uniformes de personal y *Community Manager*.

Costos Fijos

Detalle	Monto Monedas
e) Costos Fijos	

El literal e) identificará Costos Fijos en la última parte del ejercicio.

Cómo crear tu negocio de chocolatería. *La guía paso a paso.*

A partir de los datos de costos y de los ingresos totales para un período de tiempo o un lote de productos, vamos a extraer información muy interesante e ilustrativa para esta etapa inicial del diseño de tu negocio. En la columna de la izquierda, identificadas con letras minúsculas, se enumeran los aspectos a considerar, en la segunda el valor correspondiente a cada uno. En la tercera columna se indican las operaciones aritméticas que debes realizar. Muy sencillo: solo sumas, restas, multiplicaciones y divisiones.

¡Anímate, coloca tus valores, analiza y decide con base en información!

	Detalle	**Valor**	**Cálculos**
A	Ingreso Bruto por Ventas (I)		
B	Costos Variables (CV)		
C	Margen de contribución (MC = I - CV)		← (a-b)
D	Margen de contribución Porcentual MCP = (I – CV) * 100 / I		← (a-b) *100 / a
E	Costos Fijos (CF)		
F	Costo Financiero y Préstamos (CF)		
G	Margen Neto (MN)		← c-(e+f)
H	Margen Neto Porcentual (MNP)		← g*100/a
I	Previsión para Impuestos (IMP)		
J	Utilidad Neta (UN= MN-IMP)		← (g-i)
K	Punto de equilibrio en unidades (PE Unidades)		← (e/a-b)
L	Punto de equilibrio en monedas (PE Monedas)		← (e/1-(b/a)) Más fácil, por partes, así: Primero: X=(b/a) Después, Y=1-X Juntos: PE Monedas= e/Y Listo.

M. El negocio diseñado en marcha y más allá

> *"Nah, este no es el final,*
> *no es ni siquiera el principio del final.*
> *Puede ser, más bien, el final del principio."*
> Winston S. Churchill

Cumplimos la etapa inicial de este apasionante viaje al mundo de los negocios de chocolatería. Esperamos que, además, haya sido una búsqueda personal llena de emociones y aprendizaje. Ahora, reflexionemos antes de seguir la ruta.

El camino andado

A lo largo de este proceso, pueden haber pasado muchas cosas. Algunas circunstancias favorables y otras desfavorables, aciertos y tropiezos, tiempo y recursos limitados; quizás no pudiste hacer algo como hubieras querido. Sin embargo, pese a todo, estás en esta página.

En mayor o menor grado has logrado diseñar un negocio estable, probarlo y operarlo con una escala de producción inicial, que podríamos llamar piloto.

Sin embargo, la realidad que nos rodea no se detiene. Es importante estar atentos a sus vaivenes y a los cambios sin previo aviso, sean de gustos, preferencias o de actores, que nos pueden dejar fuera del mercado.

En muchas ocasiones, la realidad tiene la última palabra acerca de los negocios, pues impone su dinámica y establece las reglas para su permanencia como un ultimátum: te mueves o desapareces. Aquí esa noción de movimiento puede tener varios significados: formalizar, vender o hacer crecer tu negocio.

El peligro del estancamiento

Aunque te sientas confortable con el tamaño de la operación piloto que has probado en el diseño del negocio, prolongar el tiempo en ese tamaño inicial puede representar una amenaza para la supervivencia de tu negocio. Esto en razón de que los competidores no dudarán en procurar ocupar los espacios que conquistaste con tu aparición, novedosa y experimental, si no decides defenderlos. De manera que la mejor defensa es aprovechar esa buena acogida inicial en el mercado de inmediato y no después de que la amenaza se ha materializado, pues no siempre habrá tiempo para hacerlo.

Formalización de tu empresa

En este momento tu negocio puede estar operando de manera informal. Es decir, sin que exista legalmente de acuerdo a las leyes nacionales y las disposiciones regionales o municipales.

Quizás pudieras seguir así sin mayores problemas, si esta modalidad fuera aceptada por vecinos o por el municipio. De otra manera, formalizar el negocio te permitirá una acción más amplia y reconocida. Además, acorde con los deberes morales, legales y tributarios de ser vecino de una comunidad.

Asimismo, tu negocio formal podrá optar por apoyos a los emprendimientos y a pequeñas empresas. Además, un negocio formalizado tiene una mejor valoración en el mercado que otro que no lo esté.

La venta como opción

En algunas ocasiones, puede ocurrir que desees salir del negocio mediante su venta. Es una decisión, respetable como todas, y si es así, ojalá sea producto de una buena reflexión y obtengas una buena retribución. Aunque en este punto, apenas con el negocio diseñado, el valor de mercado puede ser muy discreto porque, aunque la idea sea muy prometedora y tu diseño magnífico, a tu negocio el valor de mercado se lo otorgarán las ventas reales, no las estimaciones ni las proyecciones por muy elevadas que sean. Entonces, aclarado esto, recordemos al viejo profesor de toma de decisiones, quien decía: "La mejor decisión es la que se toma". Luego de tomada, hay que asumirla como la mejor y seguir adelante, sin arrepentimientos.

El reto del crecimiento

Llevar a tu negocio a una escala de producción superior, que multiplique su capacidad inicial, requiere de estudios, decisiones e inversiones. Esto no es cosa de prisas e improvisaciones.

En ese sentido, el Plan de Negocios es un potente instrumento para presentar tus ideas y metas empresariales, sus requerimientos financieros, técnicos, mercadotécnicos, organizacionales y administrativos, y los, muy importantes, rendimientos económicos esperados.

De esta manera, tendrás una base sólida para tomar decisiones, comunicar tus ideas, solicitar créditos a los bancos e inclusive, encontrar socios.

Aunque es posible crecer sin plan, siempre será mejor tener una referencia clara para comparar y corregir el rumbo a tiempo. Algunas personas desacreditan el valor del plan puesto que esperan, erróneamente en nuestra opinión, que pueda predecir exactamente el futuro. Al primer desvío, tropiezo o inconveniente consideran que el plan no sirve. Nada más lejos de la verdad. El plan establece lo que es necesario hacer, el orden en que debe ser hecho y a quien corresponden las responsabilidades para alcanzar un resultado en un marco referencial de tiempo, a pesar de los posibles demoras y problemas que pueden ocurrir o no. Por tanto, un buen plan es un gran aliado para llegar a donde queremos ir.

En esta etapa, a medida que tu negocio transita hacia la transformación en empresa, tu atención deberá mover el foco del diseño de tu negocio y sus actividades experimentales, de la investigación y prueba, de lo provisional e inestable hacia la construcción y mantenimiento de una estructura empresarial, no importa si grande o chica, eso sí, que cuente con todas las funciones de una empresa. Asimismo, deberás alejarte de muchas de las funciones operativas que desempeñabas y delegarlas en nuevas personas.

Así que, ahora predominantemente como empresario, te centrarás en aspectos tales como los siguientes: definir planes de largo, mediano y corto plazo; dirigir a tu equipos en procura de las metas; encontrar y manejar sabiamente el financiamiento; seleccionar las tecnologías apropiadas y duraderas; desarrollar y penetrar mercados; establecer y lograr las metas de ventas; organizar todos los recursos y procesos empresariales de la forma más efectiva; reclutar y seleccionar los mejores talentos; seguir con atención las áreas administrativas y contables; y tu bien conocido desarrollo de nuevos productos y servicios.

En fin, estos deberes no los referimos para atemorizarte. En verdad, hay muchos casos que demuestran que es posible ser empresario. Esta solo es una etapa diferente, exigente sí, pero también con satisfacciones proporcionales. Si estás preparado con los conocimientos necesarios, saldrás adelante también con este reto. En el próximo libro "Chocolatería: Tu empresa Paso a paso" trataremos la formulación del Plan de Negocios.

Más adelante, una vez puesto en práctica lo establecido en el Plan de Negocios surgirán los retos de la gerencia operativa diaria. Los podemos resumir en tres actividades: mantener los buenos resultados, perfeccionar los procesos de la empresa e innovar.

La experiencia del día a día en la empresa nos enseñará mucho, sobre todo cuando no obtenemos lo esperado. De esta forma, el conocimiento obtenido no debe ser desperdiciado y deberemos incorporarlo metódicamente para perfeccionar las actividades cotidianas.

En ese orden de ideas, vamos a requerir un sistema de gestión del día a día. Ya le dimos una probadita en la fase de diseño del negocio. Simplemente se trata de una aplicación sistemática y disciplinada del método PDCA en todas las actividades y por todas las personas de tu empresa. De nuevo, no es imposible, requiere algo de trabajo, más los resultados y beneficios serán enormes. Realmente es una gran inversión, puesto que mejora la calidad de los productos y servicios, mejora el ambiente de trabajo, obtendrás mayores beneficios económicos y mucho menos estrés, en especial para ti. Un negocio redondo. Este tema será tratado a fondo en el libro "La gerencia diaria de tu chocolatería".

En lo personal, habrá una nueva evolución, sin desplazar completamente a tu "yo emprendedor" ni a tu "yo empresario", cada día ganará importancia tu "yo gerente". Por tanto, tendrás la necesidad de desarrollar habilidades y competencias gerenciales, para practicarlas a diario y liderar la difusión de sus técnicas a toda la empresa. De esa manera contarás con un medio efectivo para equilibrar la estabilidad y la mejora permanente de procesos.

Mensaje final

Hemos hecho un esfuerzo para entregarte en este libro orientación y apoyo en el mundo de los negocios de chocolatería. Sería una enorme satisfacción saber que los hemos logrado y que te ha sido útil. Debido a que siempre habrá preguntas pendientes, estaremos prestos a apoyarte gracias a la tecnología. Fácilmente con los datos de contacto en nuestra web: www.danielrojasrivero.com.

Te deseamos el mayor de los éxitos y muchas monedas de chocolate y, sobre todo, de las otras.

Acerca del autor

Daniel Rojas Rivero (Barquisimeto, Venezuela, 1959), consultor, ingeniero en informática, profesor universitario, caricaturista y chocolatero, ha dedicado su curiosidad intelectual y el ejercicio profesional durante 35 años al estudio, la investigación y apoyo de iniciativas empresariales hispanoamericanas con el empleo de tecnologías de información y sistemas avanzados de gestión de negocios.

Desde 1998 entró en contacto con el mundo de la pastelería y la chocolatería con el emprendimiento familiar www.tarisznyas.com.

En 2001 propuso y dictó, durante diez años, una asignatura para fomentar la creación de empresas desde las aulas universitarias.

Ahora, años de experiencia y reflexión son recogidos en una serie de libros acerca de negocios. Todos con la finalidad de apoyar la creación de un mayor valor para sus clientes, mayores ventas y utilidades.

Comprometido compañero de caminos de emprendimientos y empresas para agregarles valor que les potencie para ganar, alcanzar sus metas.

Asimismo, disfruta atender las inquietudes puntuales de quienes aspiran o dudan en iniciarse y ofrecer una sugerencia constructiva tanto como las de quienes emprenden o manejan negocios establecidos.

En todos los casos, aprender y compartir siempre.